THÈSE POUR LE DOCTORAT

LE
PORTEFEUILLE SUR L'ÉTRANGER
des Banques d'émission

THÈSE POUR LE DOCTORAT
(Sciences Politiques et Économiques)

Présentée et soutenue le lundi 6 mars 1922, à 2 heures

PAR

Nicolas SAVEANU

Président : M. Charles RIST, *professeur*

Suffragants { M. Fernand FAURE, } *professeurs*
{ M. Edgard ALLIX, }

PARIS
—
1922

CHAPITRE PREMIER

—

LA POLITIQUE DU PORTEFEUILLE
SUR L'ETRANGER

—

Principes sur le change étranger. — Politique suivie par les banques d'émission pour remédier aux fluctuations du change et pour protéger leur encaisse métallique. — Politique de l'escompte. — Ses inconvénients. — Politique du portefeuille sur l'étranger. — Son mécanisme. — Extension de cette politique. — Les banques d'émission qui la suivent et les dispositions statutaires qui la prévoyent. — Belgique. — Roumanie. — Hollande. — Suisse. — Russie. — Italie. — Allemagne.

Dans les conditions économiques actuelles, le principal agent d'échange est la monnaie qui sert de commune mesure de la valeur des marchandises et de services ; toutes les transactions recourent à son emploi.

A l'intérieur d'un pays les transactions se font sans difficultés ; les mêmes pièces conservent généralement la même valeur. Mais l'activité économique d'un pays ne se limite pas à ses frontières, elle se répand au dehors et donne lieu à toute sorte d'obligations internationales qui devront être liquidées.

Normalement, la plupart des engagements internationaux sont réglés par le moyen des effets de commerce (lettres de change, chèques, valeurs mobilières), qui remplacent les transferts de monnaie ; ils offrent même l'avantage d'être moins dangereux et moins coûteux que les paiements en espèces. Ce mode de règlement est universellement employé tant que les dettes d'un pays trouvent une contre-partie dans les créances de ce même pays. En fait, cet équilibre est rare et, généralement, il y a une balance soit dans un sens soit dans l'autre. Si un pays a plus de créances vis-à-vis de l'étranger qu'il n'a des dettes, les effets de commerce abondent et leur cours baisse. Au contraire, quand un pays a à payer beaucoup plus aux autres pays que ceux-ci ne lui doivent, la demande de ces titres de créance, qui servent de monnaie d'échange internationale, dépasse l'offre et fait monter leur cours.

La hausse et la baisse des changes sont resserrées en d'étroites limites lorsque les pays ont le même étalon monétaire. Les cours du change ne peuvent pas dépasser deux limites, l'une à la hausse l'autre à la baisse, qu'on appelle les points d'or ou « *gold-point* ». S'il s'agit de deux pays qui n'ont pas le même étalon monétaire, les changes subissent des variations sans limites ; l'offre et la demande seuls les déterminent et c'est avec raison qu'on les appelle « *erratiques* ».

Ces fluctuations des cours du change sont loin d'être

indifférentes pour un pays, elles apportent un côté aléatoire à toutes les transactions, elles sont défavorables au développement du commerce international et elles doivent faire l'objet de constantes préoccupations.

La question intéresse surtout les grandes banques d'émission, parce que, par leur position dominante, elles sont les piliers du marché monétaire national, les banques des banquiers, et elles seules peuvent agir rapidement et avec efficacité sur les changes. D'autre part, les banques d'émission, dans chaque pays, sont devenues des réserves centrales d'or. De cette situation résultait que chaque fois que quelqu'un avait besoin du numéraire, pour effectuer un paiement à l'étranger, il était obligé de s'adresser à la banque d'émission pour obtenir cet or. Les banques d'émission ne peuvent pas rester impassibles, puisque toutes les demandes d'or diminuaient leur réserve d'or et les gênaient au point de vue de la couverture de leurs billets. C'est en obéissant à ces considérations d'ordre public et d'intérêt propre que les banques d'émission interviennent sur le marché monétaire aux fins de rétablir l'équilibre des changes étrangers.

La politique fondamentale suivie par les banques d'émission pour défendre leur encaisse métallique contre les changes défavorables est la politique de l'escompte. Son application provoque automatiquement un redressement de la balance des comptes, car la hausse du taux de l'escompte incite les places étrangères, en quête d'un loyer plus important, à expédier des fonds vers la place dont le taux a été élevé, et à retenir dans le pays les fonds qui autrement eussent été retirés. Le résultat est une augmentation, sur la place dont le taux de l'escompte a été élevé, de l'offre de lettres de change et une baisse des cours de ces lettres de change.

La hausse du taux de l'escompte est onéreuse pour l'industrie et le commerce, qui sont obligés de recourir au crédit, parce que les conditions auxquelles les banques prêtent à leurs clients en sont dépendantes et varient avec les changements du taux de l'escompte de la banque d'émission, et toute modification du taux réagit sur les conditions du crédit dans le pays. D'autre part, l'élévation du taux de l'escompte pour être efficace doit être suivie par l'ensemble du marché monétaire privé. Or, il arrive que les établissements de crédit, ayant des fonds abondants, refusent de suivre l'impulsion qui leur est donnée par la banque d'émission, et n'élèvent pas le taux de leur escompte, de sorte qu'on peut emprunter des fonds à faible taux.

Ces inconvénients et difficultés d'application de la politique du taux de l'escompte ont obligé les banques d'émission de développer d'autres méthodes protectrices de leur encaisse, qui leur permettent d'éviter ou de retarder le plus possible le moment où elles devront y recourir.

La plus importante et la plus originale parmi ces méthodes est la politique du portefeuille sur l'étranger ou des devises. Elle n'a pas les mêmes effets que la politique de l'escompte, mais a cependant des effets intéressants. Elle se distingue de la politique de l'escompte par un trait essentiel : tandis que la politique de l'escompte repose sur une modification de la balance des comptes, en modifiant l'état des créances et des dettes, la politique du portefeuille sur l'étranger est utile pour protéger l'encaisse des banques d'émission, mais n'a pas cette action profonde, de sorte qu'elle ne peut servir que comme auxiliaire.

Le mécanisme de cette méthode est très simple : la banque d'émission accumule, au moment où le change est favorable, un portefeuille de papier commercial tiré sur les principales places financières qui ont l'étalon d'or, de sorte que ces traites, sur Londres ou sur Paris par exemple, sont des traites payables en or. De cette manière la banque d'émission se constituait une réserve d'or qu'elle laissait à l'étranger et se réservait le droit de faire venir quand elle voudrait. Lorsque la banque d'émission s'aperçoit qu'on lui demande du numéraire pour faire des paiements à l'étranger ou que le cours du change est en hausse, elle a un moyen très simple de satisfaire les demandes d'or et d'arrêter la hausse du change. Le portefeuille sur l'étranger que la banque d'émission s'est constitué lui permet de fournir le change nécessaire à tous ceux qui ont des versements à faire à l'étranger, sans être obligée de puiser dans son encaisse d'or. D'autre part, la banque d'émission en apportant sur le marché du change une partie de son portefeuille sur l'étranger, augmente l'offre du change étranger, puisque c'est la demande de ce change étranger qui fait hausser le cours du change, en fait baisser le prix qu'elle ramène ainsi au pair ou tout au moins au-dessous du point de sortie de l'or.

Le portefeuille sur l'étranger peut être utilisé par la banque d'émission, comme un moyen de renforcer son encaisse métallique, lorsqu'elle la juge insuffisante. Dans ce cas, la banque d'émission se borne à expédier ses devises à l'étranger, à l'endosseur, et à demander qu'on lui expédie leur montant en or.

La banque qui a inauguré cette politique du portefeuille sur l'étranger est la Banque Nationale de Belgique. Quand elle s'est constitué pour la première fois son portefeuille sur l'étranger, elle ne voulait que placer ses fonds disponibles et qui ne trouvaient pas emploi dans l'escompte du papier belge. Plus tard l'expérience lui a appris l'utilité de ce portefeuille comme moyen de protéger son encaisse et d'empêcher la hausse du change et ces quelques expériences se sont transformées en une politique systématique.

La loi organique de la Banque Nationale de Belgique paraissait l'autoriser à suivre cette politique. En effet, l'article 12 de la loi du 5 mai 1850, en accordant à la Banque Nationale le droit d'émettre des billets au porteur, l'obligeait de représenter le montant des billets en circulation par des valeurs facilement réalisables; or, la banque en les employant à l'achat et à l'escompte des effets sur l'étranger satisfaisait aux dispositions de la loi.

Une autre disposition légale se trouve dans l'article 4 de la loi du 20 mai 1872, qui charge la Banque Nationale de Belgique du service de caisse de l'Etat, et lui prescrit de

placer les fonds disponibles du Trésor en valeurs commerciales, dont elle se portera garante. La Banque
Nationale de Belgique employait tous ces fonds du Trésor
en effets sur l'étranger et très rarement en papier sur la
Belgique.

Le portefeuille sur l'étranger présentait une utilité
particulière pour la Banque Nationale de Belgique parce
que, grâce à lui, la banque pouvait satisfaire aux exigences
de l'article 35 de ses statuts qui l'obligeait d'avoir une
encaisse métallique égale au tiers du montant de ses
billets et de ses engagements à vue. La Banque Nationale
de Belgique avait une encaisse or infime en face d'une
circulation fiduciaire énorme, très souvent inférieure au
tiers de son émission. En comprenant dans cette encaisse
le portefeuille sur l'étranger, la Banque Nationale de
Belgique a réussi à avoir une encaisse représentant
beaucoup plus que 33 % de la circulation fiduciaire.

Une application ressemblante du système pratiqué par
la Banque Nationale de Belgique a été faite par la Banque
Nationale de Roumanie. L'existence du portefeuille sur
l'étranger permettait à la Banque Nationale de Roumanie
de fournir les moyens de paiements à l'étranger sans
mouvement de numéraire, ce qui est très important en
Roumanie où la majorité des importations se font pendant
l'hiver. A défaut d'un portefeuille des devises une importante quantité d'or sortirait du pays et une hausse du cours
des changes se produirait. Le portefeuille sur l'étranger
servait aussi de couverture aux billets de banque, conformément à l'article 12 de la loi du 17/30 avril 1880. Cet
article en accordant à la Banque Nationale de Roumanie le

privilège d'émettre des billets de banque au porteur stipulait que celle-ci devrait posséder un stock métallique égal à 40 % du montant des billets émis par elle. 33 % du stock métallique de la banque pourra consister en traites sur les places anglaises, allemandes, françaises et belges. Grâce à cette politique du portefeuille étranger et à laquelle la Banque Nationale donna une extension de plus en plus grande notamment à partir de 1896, la Banque Nationale de Roumanie a réussi à réduire les oscillations des changes et à éviter les transports de numéraire ; le change roumain sur les places à étalon d'or s'est maintenu, depuis 1892, aux environs du pair et ses oscillations n'ont pas dépassé une moyenne d'environ 3 pour cent.

La Banque Néerlandaise, elle aussi, a suivi cette politique des devises. Son but était de se procurer des moyens de paiement à l'étranger et de faire fructifier une partie de son encaisse métallique. Elle s'occupait de cette branche d'opérations en se basant sur l'article 7 al. 5 de la loi du 22 décembre 1863, qui autorise la Banque Néerlandaise à acheter et à vendre des lettres de change et d'autres effets payables à l'étranger. Le total des sommes consacrées par la banque à l'achat d'effets payables à l'étranger ne pourra jamais, plus de quinze jours consécutifs, excéder son encaisse métallique disponible. L'encaisse métallique disponible de la banque est l'excédent de l'encaisse métallique obligatoire; celle-ci a été fixée par le décret royal du 16 avril 1864 à 40 % du montant des billets, des assignations et des soldes en compte courant. L'encaisse métallique n'est, donc, que l'excédent de ces 40 %. Les effets payables à l'étranger ne sont admis dans le portefeuille que s'ils sont revêtus de deux ou plusieurs signatures, engageant solidairement les signataires, et à une échéance de trois mois au plus. Ils doivent être tirés de l'étranger et payables dans des places bancables de Belgique, d'Allemagne, de France et d'Angleterre. Les conditions dans lesquelles a lieu l'opération, en ce qui concerne le cours des changes et le taux de l'escompte dans le pays considéré, sont fixées spécialement pour chaque cas.

En Suisse nous constatons une adaptation du système hollandais. La Banque Nationale suisse s'est donné pour tâche principale d'exercer une influence régulatrice sur les cours du change et à cet effet elle s'est constitué un portefeuille sur l'étranger. La justification de cette politique réside dans le fait que la Suisse souffrait d'un drainage de ses espèces et d'un change généralement défavorable vis-à-vis de la France. D'après l'article 20 de la loi fédérale du 6 octobre 1905, la couverture des billets en circulation doit être composée de 40 % au moins en espèces, et pour le reste en monnaies d'or étrangères ou en effets de change escomptés, sur la Suisse ou sur l'étranger. La Banque Nationale suisse achète et vend, selon les convenances et sur la base de ses cotes quotidiennes, des effets et des chèques sur les pays à circulation monétaire métallique. Les effets doivent être libellés dans la monnaie du pays où ils sont payables, n'avoir pas plus de trois mois à courir, et porter les signatures d'au moins deux personnes ou raisons sociales indépendantes l'une de l'autre et notoirement solvables. Les effets et les chèques, sans

exception, doivent être endossés à l'ordre de la banque.
Dans la politique suivie par la Banque Nationale suisse,
le rôle principal est joué par l'achat, particulièrement en
France, de chèques sur la Suisse. Ce procédé offre
l'avantage de renforcer la tendance des capitaux étrangers
à se diriger vers la Suisse où le taux de l'escompte est
généralement plus élevé qu'à Paris. Les chèques achetés
en France sont présentés en paiement aux banques suisses
sur lesquelles ils sont tirés et de cette manière on diminue
leurs disponibilités et on provoque une hausse du taux
privé de l'escompte, qui réagit favorablement sur le
change (1). Grâce à cette politique du portefeuille sur
l'étranger et à des arbitrages savamment pratiqués, la
Banque Nationale suisse a réussi à éviter le drainage de
ses espèces et à maintenir le change sur la France aux
environs du pair.

Parmi les opérations de la Banque Impériale de Russie
figurent la vente et l'achat ainsi que l'escompte d'effets
sur l'étranger. Dès 1861, ces opérations furent considérables ; suivant que la Banque fournissait ou non du
papier sur l'étranger le cours du rouble s'en ressentait.
En 1880, une nouvelle rubrique apparut dans le bilan
de la banque, « *sommes se trouvant chez les banquiers à
l'étranger* » ; le Trésor les avait cédées à la banque en
échange de l'or transmis de l'encaisse au fonds d'échange.
Par l'autorisation impériale du 16 juin 1889, la Banque

____

(1) M. ANSIAUX, *Essai sur la politique régulatrice des changes,*
page 166.

Impériale de Russie était chargée d'acheter de l'or à l'étranger et des effets sur l'étranger, or destiné au remboursement des billets. Le 21 février 1893, la Banque annonce qu'elle achète des effets sur l'étranger au cours de la Bourse de Saint-Pétersbourg. Les statuts du 24 juin (6 juillet) 1894, autorisaient l'achat et la vente, tant à ses guichets qu'à la Bourse et à l'étranger, des devises étrangères (papier long, papier court et chèques) livrables au comptant ou à terme; en outre, elle tire elle-même à échéance et à vue sur ses correspondants étrangers (article 177). Ce genre d'opérations est effectué par les succursales autorisées par le ministre des Finances ; il a lieu sous la surveillance et la direction immédiate du Gouverneur de la Banque Impériale de Russie (art. 166). A partir de 1904, la banque exigea des gens qui demandaient à acheter du papier sur l'étranger la présentation des factures, constatant qu'il s'agissait de payer des importations; à défaut de facture le montant à vendre était limité à 25 mille roubles par personne. Les sommes possédées par la banque à l'étranger étaient déposées dans les plus grandes banques. Les opérations de la Banque Impériale de Russie ont contribué à donner une grande stabilité au cours du change, ont facilité les règlements des comptes internationaux et la réalisation des traites reçues par les exportateurs russes (1).

------

(1) *La Banque Impériale de Russie*, par A. RAFFALOVITCH, publié dans les *Grandes Banques d'émission*, pages 108-111.

2

Les trois instituts d'émission italiens, la Banque d'Italie, la Banque de Naples et la Banque de Sicile, sont autorisées à suivre la politique du portefeuille sur l'étranger pour subvenir aux besoins du change. C'est ce qui ressort du texte unique de loi sur les instituts d'émissions et sur la circulation des billets de banque, approuvé par le décret royal du 28 avril 1910. Les banques d'émission italiennes peuvent acheter et vendre, au comptant ou à terme, pour leur propre compte, des traites et chèques sur l'étranger et des lettres de change sur l'étranger. Ces opérations, tant que durera le cours légal, ne peuvent, sans autorisation du ministre des Finances, s'étendre au delà de ce qui est nécessaire aux banques pour réapprovisionner la réserve métallique, pour convertir en versements à l'étranger les certificats nominatifs servant au paiement des droits d'importation et pour exécuter les ordres éventuels du Trésor. Les instituts d'émission ont le droit de faire des placements en lettres de change sur l'étranger, non destinés à la réserve de la circulation et des dettes à vue, dans les limites fixées par le ministre des Finances en tenant compte de la situation du marché (art. 31). La loi italienne admet à faire partie de la réserve de 40 % servant de garantie à la circulation : a) les lettres de change sur l'étranger, portant des signatures de premier ordre, reconnues comme telles par le ministre des Finances ; b) les certificats des sommes déposées en compte-courant à l'étranger dans les grandes banques d'émission ou chez les banquiers et dans les banques correspondantes du Trésor ; c) les bons du Trésor anglais et, en général, les bons du Trésor d'Etats étrangers, même ayant une échéance supérieure à trois mois. Le tout dans les limites suivantes: jusqu'à 11 % pour la Banque d'Italie ; jusqu'à 15 % pour la Banque de Naples et pour la Banque de Sicile. Les lettres de change, les certificats et les bons du Trésor sus-dits, doivent être payables en or ou en espèces, au titre fort de l'Union monétaire latine (article 11). Les effets sur l'étranger doivent être munis de deux ou plusieurs signatures notoirement solvables, et à une échéance de trois mois au plus. Les résultats obtenus ont été moins importants que dans les pays dotés d'une banque centrale d'émission qui ont pu agir plus efficacement sur les changes que ceux qui sont au régime de la pluralité des banques. Toute action commune était exclue, les mesures prises par une banque étaient contrecarrées par celles des autres, chaque banque agissant suivant ses intérêts sans égard aux conditions du marché.

La Reichsbank a suivi la même politique mais dans une mesure plus restreinte parce que, elle devait donner fréquemment satisfaction aux besoins du crédit national et parce que les effets sur l'étranger circulant en Allemagne étaient peu nombreux à raison de l'importance des importations. Ce portefeuille reste pourtant important et a été notablement renforcé. La crise de 1907 qui obligea la Reichsbank a exporter plus de 100 millions marks d'or, l'attitude des banques étrangères qui, en jetant en circulation des traits sur l'Allemagne, faisaient relever le cours des effets étrangers dans ce pays, les opinions favorables à la création d'un portefeuille sur l'étranger exprimées

dans l'enquête bancaire de 1908, incitèrent la Reichsbank
à accorder plus d'attention à la politique des devises. Pour
développer son portefeuille sur l'étranger la Reichsbank
a simplifié et facilité l'achat des devises et, dès 1910, son
portefeuille sur l'étranger atteint 220 millions marks
contre 60 millions marks en 1907 (1). La Reichsbank
escomptait des effets sur l'étranger depuis sa création ;
d'ailleurs elle ne faisait que suivre la tradition de la
Banque de Prusse. Ne sont admis à l'escompte que les
effets sur l'Angleterre, la Belgique, la France, la Hollande,
le Danemark, la Suède, la Norvège et la Suisse ; ces places
sont divisées en places de premier ordre (Paris) et places
de second ordre. Les effets escomptés, aux termes de
l'article 17 de la loi sur les banques du 14 mars 1875,
doivent être à échéance de trois mois au plus et porter 3
ou au moins 2 signatures des personnes reconnues solvables. Ils sont expédiés à Berlin où on peut les acheter
au cours du jour. La Reichsbank achète et vend des effets
sur l'étranger ; si le vendeur doit des intérêts à la banque
le taux est celui de l'escompte du pays où l'effet est payable,
si au contraire la banque accorde des intérêts au vendeur,
le taux est inférieur au taux de l'escompte étranger (2).
Les résultats obtenus ne sont pas considérables ; pour
pouvoir agir efficacement, il faudrait que la Reichsbank
disposât de moyens extrêmement puissants. Toutefois,

---

(1) Von Lumm, *Revue Economique Internationale 1912*, page 92.
(2) A. Snyckers, *La Reichsbank et la Banque de France*, page 58.

l'intervention de la Reichsbank sur le marché du change, a pu enrayer la hausse des changes au-dessus du point de sortie de l'or ; son portefeuille sur l'étranger lui a procuré le moyen d'éviter les sorties de l'or, en fournissant à ceux qui avaient des paiements à faire à l'étranger, du papier sur l'étranger au lieu de leur remettre du numéraire.

Nous allons, maintenant, examiner la politique spéciale d'un certain nombre de banques d'émission. Nous essayerons de donner, dans les chapitres suivants, une analyse aussi claire que possible de la politique du portefeuille étranger suivie par la Banque Nationale de Belgique, la Banque austro-hongroise et la Banque Nationale de Grèce.

CHAPITRE II

LA BANQUE NATIONALE DE BELGIQUE

Circonstances qui décident la banque à suivre la politique du porte-feuille sur l'étranger. — Les dispositions statutaires. — L'origine du portefeuille sur l'étranger. — Son évolution. — Les résultats obtenus.

La Banque Nationale de Belgique est, de toutes les banques d'émission européennes, celle où la politique du portefeuille étranger est appliquée depuis le plus long-temps et de la façon la plus large ; c'est elle qui, la première, a inauguré cette politique.

La situation centrale de la Belgique, entre les trois grands marchés financiers la France, l'Angleterre et l'Allemagne, l'exiguïté de son territoire l'expose aux besoins de capitaux qu'éprouvent ces marchés et à un drainage de ses espèces ; la banque d'émission par la réalisation de son portefeuille sur l'étranger amortit les chocs qui affecteraient le marché national.

La pénurie des espèces métalliques a obligé la banque

d'émission à développer sa circulation fiduciaire, et pour assurer à ses billets une couverture plus large elle s'est constitué un portefeuille sur l'étranger, comme une réserve métallique supplémentaire et immédiatement réalisable.

L'extension donnée à cette politique du portefeuille sur l'étranger par la Banque Nationale de Belgique s'explique parce qu'elle était prévue dans les lois. L'article 12 de la loi du 5 mai 1850, autorisant la Banque Nationale de Belgique à émettre des billets payables à vue, stipulait, expressément, que le montant des billets en circulation sera représenté par des valeurs facilement réalisables. Et la banque d'émission, en achetant et en escomptant des effets sur les places étrangères à étalon d'or, satisfaisait l'exigence de cette disposition légale.

Dans l'article 4 de la loi votée en 1872, 20 mai, lors du renouvellement du privilège de la banque d'émission, on trouve une disposition plus précise. Cette loi enlevait à la banque d'émission la jouissance des fonds disponibles de l'Etat, excédant les besoins du service, et lui prescrivait le placement de ces fonds en valeurs commerciales sur l'étranger, dont la Banque d'émission se portait garante, et exceptionnellement en valeurs sur la Belgique.

La pratique du portefeuille sur l'étranger a fait l'objet des opérations de la banque d'émission depuis les origines de celle-ci. La Société Générale s'était servi du portefeuille sur l'étranger sans se rendre bien compte de son utilité. En 1839, la Banque de Belgique suspendit ses paiements et la Société Générale se substitua à elle dans ses obligations. Pour rembourser les dépôts de la Banque de

Belgique, la Société Générale échangea les valeurs françaises en portefeuille contre 20 millions de francs et introduisit de la sorte dans la pratique la création des disponibilités au moyen du papier sur l'étranger.

Peu à peu la banque d'émission commence à se familiariser avec cette pratique et à se rendre compte de l'utilité du portefeuille sur l'étranger. A partir de 1851, les bilans de la Banque Nationale de Belgique signalent un portefeuille sur l'étranger, formé avec du papier sur l'Angleterre, la France, l'Allemagne et la Hollande.

De 1851 à 1855, les rapports de la Banque nous indiquent seulement le produit de l'escompte du papier sur l'étranger qui s'élève de 166.314 francs en 1852 jusqu'à 1.139.652 francs en 1855, après avoir atteint 1.197.438 fr. en 1854. Ces bénéfices proviennent des intérêts encaissés et des différences heureuses réalisées sur le change. Le portefeuille sur l'étranger figurait dans le portefeuille belge parce que la Banque Nationale assimilait l'escompte des devises à l'escompte du papier sur la Belgique.

A partir de 1856, les bilans de la Banque Nationale de Belgique nous indiquent seulement le montant du portefeuille sur l'étranger, sans nous indiquer le produit qui se trouve confondu avec le produit de l'escompte du papier sur la Belgique.

Lors de la crise de 1856-1857, la Banque Nationale de Belgique réalisa son portefeuille sur l'étranger et subit une perte de plus de cent mille francs. Cette perte démontrait contrairement aux affirmations du rapport de 1855, que la Banque Nationale, en escomptant le papier sur l'étranger, encourait tous les risques de différences du change, ce qui l'obligeait à prendre toutes les garanties pour éviter ou au moins diminuer ces risques.

En 1858, lorsque la situation s'améliore, nous voyons la Banque Nationale de Belgique reconstituer son portefeuille sur l'étranger et à la fin de 1858 cette reconstitution était complète ; le portefeuille sur l'étranger qui était tombé à 22 millions et demi de francs, s'élevait à plus de 120 millions en 1858. A partir de 1859 le portefeuille sur l'étranger diminue et on le voit tomber jusqu'à 12 millions, en 1861. La Banque Nationale garnissait son portefeuille sur l'étranger lorsque le taux de l'escompte belge était réduit et c'est au taux de 3 % que la Banque Nationale avait regarni son portefeuille sur l'étranger. Le ravitaillement en papier sur l'étranger s'opère beaucoup plus activement en temps de bas escompte lorsque les disponibilités de la Banque Nationale ne sont pas absorbées par le papier sur la Belgique. Dès que le taux de l'escompte monte, le papier sur l'étranger déserte le portefeuille de la Banque Nationale et justement, en 1859, le taux de l'escompte monte à 4 % et se maintient à cette hauteur jusqu'en 1861.

Jusqu'en 1861, le portefeuille sur l'étranger sert au renforcement de l'encaisse métallique, mais sans se confondre dans la garantie de l'émission. Peu à peu on s'achemine vers la confusion de ces deux éléments, le portefeuille devient une encaisse métallique mobilisée (Rapport de la Banque Nationale de 1861) et dans quelques années (1867), la Banque Nationale de Belgique l'accolera aux lingots et monnaies pour donner à la couverture des engagements une largeur suffisante. A partir de 1877, les bilans associent le portefeuille de devises à l'encaisse et sur cette base la Banque Nationale édifie sa circulation fiduciaire (1).

En 1862, le taux de l'escompte tombe à 3 % et nous constatons une reprise de l'escompte du papier sur l'étranger ; il s'élève à plus de 60 millions de francs. Mais de 1863 jusqu'en 1866, l'escompte se maintient à des taux élevés et le portefeuille sur l'étranger de la Banque Nationale de Belgique se dégarnit et tombe jusqu'à 12 millions en 1864.

A partir de 1867 jusqu'en 1870, le taux de l'escompte descend à 2 ½ % et le portefeuille sur l'étranger prend un développement qu'il n'avait jamais connu antérieurement. Il s'élève à 49,5 millions en 1867, à 213,5 en 1868 et à 263 millions en 1869.

De 1870 à 1876, le taux de l'escompte se tient à des hauteurs variant entre 4 et 7 % et nous constatons, pendant cette période, une chute du portefeuille sur l'étranger. Lorsque la guerre éclata en 1870, la Banque Nationale de Belgique qui détenait 64 millions de traites sur l'étranger, commença leur réalisation. Mais elle rencontra des résistances de la part des pays sur lesquels le papier était tiré ; la Hollande et l'Allemagne refusèrent le réescompte, la France interdisait les exportations des espèces métalliques. La perte essuyée par la Banque Nationale s'éleva à

---

(1) E. van Elewyck. *La Banque Nationale de Belgique*, page 307.

705 mille francs, plus grande que la perte résultée de réalisations de 1856.

Lorsque, à partir de 1876, le taux de l'escompte se fixa de nouveau à 2 ½ %, le portefeuille sur l'étranger recommença à augmenter suivant une progression ininterrompue. En 1895, le portefeuille sur l'étranger s'élève jusqu'à la hauteur de l'encaisse effective, la dépasse en 1896 et 1897, et après une chute en 1898, il s'élance au-dessus de l'encaisse métallique et s'y maintient jusqu'en 1909.

Depuis 1905 et jusqu'en 1914, le portefeuille sur l'étranger reste presque stationnaire aux environs de 150 millions de francs. La Banque Nationale poursuit une politique de renforcement progressif de l'encaisse métallique ; elle était de 119,2 millions à la fin de l'année 1905 et s'éleva progressivement jusqu'en 1914 lorsqu'elle atteignait 293,5 millions, dont 264,2 millions or. La proportion du portefeuille sur l'étranger a été sensiblement réduite, malgré ses avantages comme complément de l'encaisse. Pendant la guerre mondiale, la Banque Nationale ne poursuivit plus l'augmentation de son encaisse ; quant au portefeuille sur l'étranger, il servit surtout à assurer le service des échanges des billets de la Banque Nationale de Belgique contre de la monnaie française, anglaise, hollandaise et suisse, en faveur de nombreux réfugiés belges en France, Angleterre, Pays-Bas et Suisse (1).

La Banque Nationale de Belgique consacrait aux place-

____

(1) Rapport de la Banque Nationale en 1920.

ments en valeurs étrangères ses excédents de disponibilités, qui n'étaient pas employés par les effets belges. Il faut ajouter le solde créditeur du Trésor au delà des fonds nécessaires au service de l'Etat. La Banque Nationale de Belgique était chargée de faire fructifier ce solde créditeur, et elle l'employait, conformément à la loi de 1872, à l'achat de lettres de change sur l'étranger, remboursables en numéraire à l'échéance ; ces traites étaient endossées par la Banque Nationale de Belgique et le paiement était garanti au Trésor.

Le portefeuille sur l'étranger était composé de papier de tout premier ordre, endossé par les principaux banquiers de Paris, Londres ou Berlin ; il devait être réescompté par ces banquiers même, à la demande de la Banque Nationale de Belgique, à un taux qui ne pouvait être supérieur au taux officiel de la Banque Nationale. La Banque Nationale pouvait se faire couvrir soit en valeurs de change au cours du marché, soit en matières d'or ou espèces d'or ayant cours légal. Néanmoins, la Banque Nationale de Belgique ne pouvait user de sa faculté de réescompter et ne pouvait demander une couverture de plus de 6-8 millions de francs par semaine ; d'autre part les banquiers n'étaient pas tenus au réescompte en cas de force majeure. Ces deux réserves, insérées dans la convention entre la Banque Nationale et les banquiers étrangers, nous montrent que si le papier sur l'étranger est équivalent aux espèces, il ne leur est pas identique et que la base métallique est plus sûre (1).

---

(1) E. van Elewyck. *La Banque Nationale de Belgique*, page 308.

En ce qui concerne le taux de l'escompte des valeurs
étrangères, au début, il était équivalent au taux d'escompte
le plus bas, celui de traites sur le pays revêtues d'une
acceptation. Plus tard, ces conditions furent modifiées et la
Banque Nationale de Belgique escomptait les effets sur
l'étranger à un taux plus bas que les effets sur la Belgique.
Lorsque la Banque Nationale regarnissait son portefeuille
sur l'étranger, elle augmentait l'écart entre les deux taux
d'escompte et dès que le papier sur la Belgique affluait à
l'escompte, la Banque Nationale, pour pouvoir faire face
aux besoins du commerce et de l'industrie du pays,
diminuait l'écart entre les deux taux et tempérait l'achat
de valeurs étrangères. C'est ce tarif spécial que la Banque
Nationale accordait à l'escompte du papier sur l'étranger
qui a soulevé de violentes critiques ; la Banque Nationale
était accusée de favoriser l'étranger, en consentant des
conditions de crédit meilleures à l'extérieur qu'à l'intérieur. Mais on peut répondre que la Banque Nationale
par la politique du portefeuille sur l'étranger ne pour-
suivait pas un gain, puisqu'elle retirait de ces capitaux
un intérêt inférieur à celui des valeurs belges, mais se
constituait des armes contre les crises éventuelles ; et puis
l'émission intervenait dans l'escompte de ce papier et c'est
avec de l'or qu'il sera payé (1).

La politique du portefeuille sur l'étranger suivie par la
Banque Nationale a permis à la Belgique, pays exposé au
drainage de ses espèces par l'attraction exercée par les

---

(1) E. VAN ELEWYCK. *La Banque Nationale de Belgique*, page 320.

trois marchés financiers qui l'entourent et à laquelle elle ne peut résister, de retarder, souvent même d'éviter les sorties de l'or et de rapatrier les espèces nécessaires, qui lui manquaient.

Le portefeuille sur l'étranger a donné, à la Banque Nationale de Belgique, le moyen de faire face aux demandes de numéraire et de ravitailler son encaisse effective. Il a permis à la Banque Nationale de maintenir le taux de son escompte dans des limites modérées, de retarder et quelques fois d'éviter une hausse du taux de l'escompte.

La Banque Nationale de Belgique a trouvé dans la politique du portefeuille sur l'étranger un régulateur des changes ; non seulement elle a évité une trop grande dépréciation du change, mais le change belge se trouve amélioré. Depuis 1900 les changes sont ramenés au pair et souvent au-dessous du pair, à l'exception de Paris qui se tient toujours au-dessus du pair. On a beaucoup discuté sur les causes de cette dépréciation du franc belge par rapport au franc français. Plusieurs explications ont été données :

« a) La prime de l'or étant pratiquée par la Banque de France et ne l'étant pas par la Banque Nationale de Belgique, les envois d'or de Paris à Bruxelles sont plus onéreux que ceux de Bruxelles à Paris et une spéculation facile draine les monnaies d'or et les expédie en France où elles bénéficient de la prime généralement supérieure au change (1) ».

(1) E. van ELEWYCK. *La Banque Nationale de Belgique*, page 337.

b) La Belgique faisait des envois et des placements considérables de capitaux à l'étranger par la France, et elle devait trouver du change sur Paris pour cette opération.

c) Beaucoup de fortunes françaises pour se soustraire à l'impôt étaient confiées aux banques belges et lorsque les coupons devaient être payés ou lorsque ces capitaux étaient rappelés, le change s'élevait.

d) La Belgique était un pays qui avait très peu d'or ; lorsqu'on s'adressait à la Banque Nationale de Belgique pour échanger des billets, celle-ci remettait non de l'or, mais de l'argent. Si l'on voulait échanger les billets contre de l'or il fallait passer par Paris ; d'où la nécessité lorsqu'on avait une lettre de change sur la Belgique, de compter sur ce détour, et sur le marché du change à Paris les lettres de change sur la Belgique étaient un peu dépréciées.

L'intervention de la Banque Nationale de Belgique a réussi, sinon à supprimer ces fluctuations en hausse ou en baisse, du moins à les atténuer sensiblement.

La Banque Nationale de Belgique a trouvé dans le commerce de valeurs étrangères une source de bénéfices à laquelle elle donnait toute l'extension possible afin d'augmenter les produits de la banque. Les bénéfices, de plus en plus importants, résultaient des intérêts que portent les effets sur l'étranger et des différences heureuses réalisées sur le change. Exceptionnellement, en 1856-1857 et en 1870, lorsque les événements obligent la Banque Nationale à réaliser son portefeuille sur l'étranger elle essuya des pertes ; ces pertes s'expliquent puisque la Banque Nationale ne sé bornait pas à acheter et à vendre les effets sur l'étranger à un cours fixé, en prélevant un intérêt suivant la situation du marché, elle encourait tous les risques des différences du change. La Banque Nationale pouvait se trouver dans la situation de vendre les devises moins cher qu'elle ne les a achetées, si ayant reconstitué son portefeuille en période de hausse, elle le sacrifie pour éviter une nouvelle hausse des cours succédant à une courte baisse.

Le portefeuille sur l'étranger à permis à la Banque Nationale de Belgique d'assurer à la circulation fiduciaire une couverture métallique de 33 % lorsque l'encaisse effective était descendue au-dessous de ce tiers. En effet, d'après l'art. 37 de la loi du 5 mai 1850, la banque est tenue d'avoir une encaisse métallique égale au tiers du montant de ses billets et de ses autres engagements à vue. En fait, l'encaisse reste très souvent au-dessous de ce tiers, car un deuxième alinéa du même article contient une stipulation qui permet à l'encaisse de rester au-dessous du tiers, dans les cas et les limites qui seront autorisées par le ministre des Finances. Si nous examinons l'évolution de l'encaisse métallique, possédée par la Banque Nationale, nous constatons jusqu'en 1905, une tendance persistante à la diminution, tandis que la circulation des billets augmente. Dans la période de 1850-1855, l'encaisse effective représentait 54,9 % de la circulation fiduciaire. Elle ne cesse pas de diminuer, dans la période de 1871-1875 elle ne représentait plus que 38,7 % de la circulation des billets et à partir de

1876 elle reste toujours au-dessous du tiers prévu par la loi.
Pour satisfaire à l'exigence de la loi, la Banque Nationale
de Belgique commence à assimiler aux espèces et lingots,
le montant des effets à l'encaissement en compte courant,
les coupons payés par anticipation, et plus tard les effets
sur l'étranger. Sur cette base la Banque Nationale édifie
son émission et réussit à avoir une encaisse égale au tiers
de la circulation. Si nous prenons, par exemple, la période
de 1901-1905, pendant laquelle la Banque a eu l'encaisse
la plus faible par rapport à la circulation, nous constatons
qu'elle s'élevait à une moyenne de 116,7 millions en face
d'une circulation fiduciaire de 657 millions, en moyenne.
L'encaisse métallique, non compris le portefeuille sur
l'étranger, ne représentait, en moyenne, que 17,7 % de la
circulation fiduciaire ; si l'on comprend dans cette encaisse
le portefeuille sur l'étranger, nous voyons que, pendant
la même période, en face d'une circulation fiduciaire de
657 millions, l'encaisse y compris ce portefeuille représentait 273,5 millions, dont 156,8 millions représentés par
le portefeuille, ou 42 % de la circulation fiduciaire,
encaisse bien supérieure au tiers demandé par la loi.

RAPPORT DE L'ENCAISSE EFFECTIVE A L'EMISSION :

1850-1855	54,9 pour cent.
1856-1860	49,9 —
1861-1865	48,4 —
1866-1870	reprise éphémère.
1871-1875	38,7 pour cent.
1876-1880	31,1 —

1881-1885 . . . .   27,8 pour cent.
1886-1890   25,6   —
1891-1895   24,9   —
1896-1900   19,5   —
1901-1905   17,7   —
1906-1910   18,9   —
1911-1914   24,4   —

Un autre avantage de la politique du portefeuille sur
l'étranger, c'est que la Banque Nationale de Belgique, par
l'escompte du papier créé par les Belges sur l'étranger,
facilitait le commerce d'exportation, en utilisant au profit
des commerçants et industriels les relations qu'elle entre-
tenait avec ses correspondants à l'étranger.

LA BANQUE NATIONALE DE BELGIQUE

En millions et centaines de mille francs

ANNÉES	ENCAISSE MÉTALLIQUE	OR	ARGENT	BILLETS EN CIRCULATION	PORTEFEUILLE COMMERCIAL	PAPIER INDIGÈNE	PAPIER SUR L'ÉTRANGER	FONDS A L'ÉTRANGER	TAUX DE L'ESCOMPTE
1891	101,9			416,7	367,4	276,1	91,8		3
1892	114,8			414,2	337,2	242,7	94,5		2 ½
1893	111,4			435,3	363,1	266,9	96,2		3
1894	129,5			446,7	370,2	270,9	99,3		3
1895	99 9			449,4	386,1	278,7	107,4		2 ½
1896	100,7			471,8	427,5	325,8	101,7		3
1897	103,0			487 2	450,8	330,4	121,4		3
1898	116,1			516,8	455,9	361,9	94,0		4
1899	108,2			564,9	475,7	362,6	113,1		5
1900	106,6			596,4	514,2	373,3	140,9		4
1901	114,9			607,5	517,6	356,8	160,8		3
1902	112,4			672,6	568,3	399,2	169,1		3
1903	117,1			644,5	555,5	402,6	152,9		3 ½
1904	120,0			668,7	589 2	427,2	161,7		3
1905	119,2			691,6	613,2	473,5	139,7		4
1906	124,2	103,9	20,3	770,4	597,4	452,5	144,9		4
1907	133 3	106,7	26,6	798,2	678,6	528 3	150,3		6
1908	158,2	112,4	45,8	800,2	668,8	484,5	184,3		3
1909	159 0			807,3	680,1	537,7	142 4		3 ½
1910	206,0			869,1	673,2	489,8	183,4		5
1911	249,2	189,1	60,1	929,2	682,5	536,9	145,6		4 ½
1912	287,2	214,0	73,2	963,4	706,6	548,2	158 4		5
1913	306,4	249,0	57,4	1049,8	774,0	603,7	170,3		5
1914 1ᵉʳ semestre	336,3	260,3	76.0	959,6	655,9	524,5	131,4		4
1914 2ᵉ semestre	293,5	264,2	29,3	1614,2	954,6	938,2	121,4		4
1915	266 8	262,9	5,9	1390,4	592,7	522,8	69,9		4
1916	269,1	262,9	6.2	1281,6	591,5	376,0	125,5	236,9	4
1917	269,4	269,9	6,5	1265,0	310,7	283,1	127,6	241,9	4
1918	289,7	264,9	24 8	3210,5	411,9	311,2	100,7	1481,9	4
1919	292,8	266,4	26,4	472,8	319,2	361,4	57,8		3 ½
1920	294,4	266 5	27,9	6119,2	735,2	756,7	28,5		5 ½
1921 1ᵉʳ tri.	301,9	266,6	35,3	6104,8	764,1	735,4	28,7		5 ½

Rédigé d'après les situations publiées par le Bulletin ...que et de Législation comparée.

CHAPITRE III

LA BANQUE AUSTRO-HONGROISE

Système monétaire austro-hongrois. — Les circonstances particulières qui décident la banque à suivre la politique du portefeuille sur l'étranger. — Son origine. — L'évolution du portefeuille sur l'étranger. — Les dispositions statutaires. — Les
résultats obtenus.

La banque d'émission qui a fait la plus judicieuse application du portefeuille sur l'étranger et qui a obtenu les
meilleurs résultats est la Banque austro-hongroise.

L'Autriche-Hongrie possédait, depuis 1857, un système
monétaire à étalon d'argent, avec une circulation de
papier-monnaie, qui avait réussi à rétablir et à maintenir
son change au pair. Mais des émissions excessives de
billets d'Etat eurent pour résultat une dépréciation de

l'unité monétaire, le florin, dépréciation qui s'accentua sous l'influence de la déclaration du cours forcé et par la fuite du numéraire produite par le jeu de la loi de Gresham. Le change qui s'était maintenu au pair jusqu'au début de 1859, perdit 25 % de sa valeur en quelques mois et resta constamment en perte par rapport à la monnaie d'or.

Ces dépréciations et fluctuations du change étaient préjudiciables à la monarchie qui avait grand intérêt à voir se maintenir la stabilité de ses valeurs, à raison de l'importance de ses emprunts d'Etat souscrits à l'étranger, et à la collectivité parce que une pareille situation paralysait toute activité. Le gouvernement et les économistes cherchèrent à découvrir le meilleur moyen à employer pour arriver à une régularisation des changes. Le remède parut être dans l'intervention de la banque d'émission laquelle, seule, était capable de fixer les cours des changes et à rétablir une circulation saine.

La conséquence fut que la Banque austro-hongroise s'est trouvée obligée, dès sa création, de combattre la hausse des changes étrangers. L'article 1 de ses statuts du 27 juin 1878 stipule que la Banque austro-hongroise est tenue de faire en sorte, par tous les moyens à sa disposition, que la valeur des billets qui trouve son expression dans le cours des changes étrangers, reste fixée d'une façon permanente au pair de la valeur monétaire légale de l'étalon national.

La Banque austro-hongroise chercha le moyen le plus

propre pour remplir cette obligation et se décida pour la politique du portefeuille sur l'étranger, la considérant comme la méthode qui s'accommodait le mieux à la situation du marché austro-hongrois.

La politique de la prime sur l'or, qui relève d'autant le point de sortie de l'or, n'était pas applicable, parce que l'Autriche-Hongrie était au régime du cours forcé. Elle ne voulait recourir à la méthode classique de la politique du taux de l'escompte, qu'à la toute dernière extrémité, à raison des inconvénients de cette politique, inconvénients plus graves pour la monarchie qui faisait de sérieux efforts pour améliorer sa situation économique et développer son activité commerciale et industrielle.

En ayant recours, presque obligatoirement, à la politique du portefeuille sur l'étranger, la Banque austro-hongroise satisfaisait, aussi, aux dispositions de l'article premier qui voulait que la Banque procure aux débiteurs à l'étranger les sommes dont ils ont besoin, soit en leur cédant des crédits dont elle dispose à l'étranger, soit en leur livrant de l'or.

Elle intervenait sur le marché du change comme acheteur de devises sur les principales places étrangères à étalon d'or et se constituait une provision. Dès qu'une crise se produisait sur le marché du change, elle mettait à la disposition des débiteurs à l'étranger son portefeuille sur l'étranger et de cette manière arrivait à équilibrer l'offre à la demande et empêchait une hausse des changes.

Pendant la période 1878-1891, les résultats obtenus par cette politique des devises furent faibles, l'action de la

Banque austro-hongroise était entravée par la mauvaise situation économique, financière et monétaire de la monarchie. Tout ce qu'elle put obtenir, c'est d'éliminer les agissements de la spéculation en matière de change et de rendre plus stables les cours des changes, en réduisant les fluctuations amples et subites qui avaient lieu avant son intervention. Elle n'arriva pas à ramener le change austro-hongrois au pair (1). Quant au portefeuille sur l'étranger possédé par la banque, il s'élevait en 1878 à 11,5 millions florins et il augmenta progressivement jusqu'à 19 mil. florins en 1880 ; après, il diminua et tombe à 6,1 millions florins en 1883, remonta à 12,5 millions florins en 1884, redescendit à 8,9 millions florins en 1885 et à partir de 1886 il suivit un mouvement ascensionnel jusqu'en 1890 où il s'élevait à 25 millions de florins.

A partir de 1891 une série de circonstances favorables, rendent beaucoup plus facile et plus efficace, l'intervention

---

(1) Moyenne annuelle de la prime de l'or sur le papier-monnaie :

1878	16,8	1885	22,0
1879	14,8	1886	23,3
1880	15,9	1887	23,7
1881	15,2	1888	21,3
1882	17,3	1889	17,1
1883	17,5	1890	14,0
1884	19,4	1891	14,4

Extrait de l'article de Paul CAHEN sur l'abolition du cours forcé en Autriche, publié dans *Questions monétaires contemporaines*, page 577.

de la Banque austro-hongroise sur le marché des changes.
La situation économique de la monarchie était satisfai-
sante, la production agricole donnait une plus-value, son
commerce extérieur était en sa faveur, elle était créancière
de l'étranger. La sage politique financière des gouverne-
ments réussit à obtenir des budgets qui se soldent par
des excédents. La réforme monétaire, à laquelle on procède
en 1892, et qui a institué la nouvelle unité dite couronne,
avec l'étalon or, a mis la monarchie dans la situation
d'un pays dont la circulation repose sur la base des
espèces métalliques.

La Banque austro-hongroise se consacre plus activement
à la politique du portefeuille sur l'étranger et réussit à
obtenir des meilleurs résultats. Elle créa en 1894 un
service du portefeuille sur l'étranger chargé d'intervenir
sur le marché des changes et de réduire les fluctuations.

Dans la période comprise entre 1892-1900, la Banque
a eu plusieurs occasions de mettre à l'épreuve sa politique
des devises. En 1897 les conflits balkaniques provo-
quèrent à la Bourse de Vienne la hausse des changes
étrangers. La banque réussit à l'enrayer et à provoquer
leur chute en jetant sur le marché 17 millions de florins
devises et une seconde fois 2,5 millions florins d'exigibi-
lités or (1). Les deux interventions de la banque furent
suffisantes pour amener une chute des changes et les

____

(1) Isralson. *Revue Économique Internationale*, juillet 1908,
page 160.

contenir dans des limites raisonnables. Toutefois, les interventions de la Banque austro-hongroise pour combattre la hausse des changes produite en 1893, 1898 et 1899, par la vente ou le prêt des devises étrangères, restèrent infructueuses, et la banque fut obligée d'élever le taux de son escompte. Il faut noter que ces hausses du change étaient dues à une élévation du taux de l'escompte sur les marchés étrangers.

L'expérience a prouvé que toutes les fois qu'il s'agissait d'une hausse de changes provoquée par une élévation du taux de l'escompte à l'étranger, la politique du portefeuille sur l'étranger d'une banque d'émission, quelle qu'elle soit, restait inefficace et la banque devait élever le taux de son escompte. La banque d'émission ne pourrait accumuler une masse de devises capable de contrecarrer l'action d'une hausse de l'escompte sur les autres marchés financiers, la demande prend des proportions telles qu'il lui serait matériellement impossible de les satisfaire. La politique du portefeuille sur l'étranger est efficace lorsqu'il s'agit d'une hausse des changes due à une cause momentanée, mais comme elle n'entraîne aucune modification des éléments de la balance des comptes, elle ne peut paralyser les effets d'une différence du taux de l'escompte entre deux marchés, pourvu que cette différence soit suffisante pour payer les frais de transport et laisser un léger bénéfice. Cependant il ne faut pas conclure que la politique des devises est absolument inefficace ; elle évite, même dans cette hypothèse, à la banque d'émission, une hausse plus importante du taux de son escompte, que celle à laquelle elle a été obligée de porter son taux.

Les nouveaux statuts de la Banque austro-hongroise, qui sont entrés en vigueur le 1er janvier 1900, l'autorisèrent à compter dans le chiffre de son encaisse métallique, pour un maximum de 60 millions de couronnes, son portefeuille d'effets sur des places étrangères et de billets de banque étrangers, à la condition que ceux-ci soient en or ou dans une monnaie métallique effective, équivalente à l'or (article 84). Son encaisse métallique devait être égale, au moins, à 2/5 du montant des billets en circulation.

En 1901, une convention est passée entre la Banque austro-hongroise et les ministres des Finances, aux termes de laquelle la banque devait recevoir toutes les recettes-or, à charge pour elle d'effectuer les paiements internationaux des ministères, tel le règlement des traitements du corps diplomatique, le service des intérêts des emprunts extérieurs, etc.

Ces deux faits accrurent l'influence de la banque sur le marché des changes et lui permirent de donner une notable extension à son action. Désormais la banque se considéra comme obligée de procurer du papier sur l'étranger à des conditions avantageuses et ne manqua plus jamais de se constituer un portefeuille de devises de plus en plus important.

A partir de 1900, les bilans de la Banque austro-hongroise ne mentionnent plus que cette somme fixe de 60.000.000 couronnes dans la rubrique du portefeuille sur l'étranger, ce qui rend bien difficile l'examen de cette question.

Cette somme ne représentait pas le montant exact du portefeuille sur l'étranger, mais seulement la partie du portefeuille, celle qui est autorisée par les statuts à remplacer une somme égale d'or dans la couverture de la circulation. La banque laissait ignorer le montant exact de son portefeuille sur l'étranger, pour rendre plus efficace son intervention sur le marché des changes.

Pour l'exécution de cette branche d'opérations, la Banque austro-hongroise était autorisée par ses statuts à acquérir et à vendre des effets de commerce et des chèques sur les places étrangères ainsi que des billets de banque étrangers ; à acheter et à vendre des effets de commerce payables dans le territoire où ses statuts sont en vigueur et non libellés en couronnes ; à délivrer des chèques et des mandats sur les places étrangères ; à effectuer des encaissements et des paiements à l'étranger pour le compte de tiers et à entretenir à l'étranger les crédits nécessaires (art. 56 al. k).

Elle était autorisée à admettre en garantie d'avances les effets sur les places étrangères (article 65 al. 4).

Les effets de commerce et les chèques ne devaient pas avoir plus de 3 mois à courir, et devaient porter la signature de 3, au minimum de deux personnes notoirement solvables (articles 60 et 111). Tous les effets de commerce sont remis et endossés par le vendeur à l'ordre de la banque, les conditions d'achat et de vente sont à débattre.

Les sommes affectées par la banque à l'achat des devises

étrangères étaient considérables, car elle n'avait pas à donner satisfaction à des demandes de crédit trop importantes. Ainsi elle pouvait consacrer une part importante des disponibilités dont elle disposait au commerce d'effets sur l'étranger. Tandis que d'autres banques d'émission devaient répondre aux besoins du pays, elle pouvait s'occuper plus largement de l'achat des effets sur l'étranger (1).

La politique du portefeuille sur l'étranger a permis à la banque de rétablir le cours de la couronne au pair avec l'or. Depuis 1894, la valeur de l'or en monnaie nationale est restée stable et aux environs du pair sans que le cours forcé cesse en Autriche-Hongrie. Les fluctuations du change, dues à la spéculation et aux balances des comptes momentanément défavorables, disparaissent ou sont contenues dans des limites raisonnables.

Le commerce des effets sur l'étranger, fournit une source de bénéfices, qui permettent à la Banque austro-

---

(1) Voici les chiffres de ses achats au cours de quelques années :

1900............	698.900.000 couronnes
1901............	936.400.000 —
1902............	913.900.000 —
1903............	1.123.400.000 —
1904............	1.081.218.000 —

ZÉBALISON. *Revue Économique Internationale* 1908, page 163.

hongroise d'augmenter ses revenus et qui atteignent des chiffres importants (1).

Au début de la guerre mondiale la Banque austro-hongroise se tint à l'écart du marché du change. Son portefeuille sur l'étranger ne tarde pas à s'épuiser et la banque se voit obligée de renoncer au maintien de la parité de ses billets avec ceux des pays à étalon d'or ; elle envoie même une grande partie de son encaisse métallique en Allemagne.

Mais devant l'énorme baisse de la couronne, les ministres des Finances essaient de donner, de nouveau, la possibilité à la banque d'intervenir sur le marché du change. Un avis a été publié, aux termes duquel on devait remettre à la Banque austro-hongroise tout le change provenant des ventes à l'étranger ayant fait l'objet d'une autorisation spéciale d'exportation. Cette tentative resta sans effet, les demandes de change dépassant de beaucoup les disponibilités de la banque.

Le portefeuille sur l'étranger subit pendant la guerre d'énormes fluctuations. De 63 millions de francs où il était

---

(1) Voici quelques chiffres des profits tirés par la banque du commerce d'effets sur l'étranger :

1900	2.321.329	couronnes
1901	2.411.376	—
1902	3.367.442	—
1903	5.200.054	—
1904	5.998.163	—

Isralson, *Revue Économique Internationale 1908*, page 165.

en 1913, il tombe à 14,8 millions en 1914, remonte à 63 millions en 1917, pour retomber à 25 millions en 1918 et à 9 millions en 1919.

Le portefeuille sur l'étranger, pendant toute cette période fut alimenté par les opérations de la centrale des changes et par les ouvertures de crédit en Allemagne, parce que le mark continuait, probablement, à être considéré comme de l'or (1).

---

(1) *L'Economiste français* et *Bulletin de Statistique et de Législation comparée.*

LA BANQUE AUSTRO-HONGROISE

ANNÉES (1)	ENCAISSE MÉTALLIQUE	OR	ARGENT	CIRCULATION	PORTEFEUILLE COMMERCIAL	PAPIER INDIGÈNE	PAPIER SUR L'ÉTRANGER	TAUX DE L'ESCOMPTE
En millions et centaines de mille florins.								
1878	153,9	67,4	85,5	[illegible]	106,5		11,5	4,50
1879	154,2	58,6	105,6	[illegible]	96,8		17,7	4,17
1880	173,3	65,0	108,5	[illegible]	113,4		19,0	4
1881	190,8	68,7	122,1	[illegible]	123,2		16,9	4
1882	198,8	79,2	114,5	[illegible]	138,5		10,0	4,20
1883	199,4	77,7	121,7	[illegible]	144,2		6,1	4,11
1884	205,4	78,8	126,5	[illegible]	136,4		12,5	4
1885	198,8	69,1	129,7	[illegible]	117,5		8,9	4
1886	205,5	66,7	138,8	[illegible]	125,2		14,5	4
1887	216,1	71,0	145,1	[illegible]	129,1		12,8	4,12
1888	213,0	59,0	154,0	[illegible]	141,7		18,4	4,17
1889	216,5	54,3	162,2	[illegible]	149,2		24,2	4,19
1890	219,5	54,0	165,5	[illegible]	156,7		25,0	4,48
En millions et centaines de mille francs.								
1891	552,7	136,1	416,6	[illegible]	537,7	475,5	62,2	5
1892	571,6	216,7	354,9	[illegible]	396,7	361,0	35,7	4
1893	554,0	213,8	340,2	[illegible]	390,8	360,6	31,2	5
1894	518,4	325,1	292,3	[illegible]	404,9	378,6	26,3	4
1895	778,5	512,6	265,9	[illegible]	475,2	460,9	14,3	5
1896	898,4	634,0	264,4	[illegible]	499,8	457,0	42,6	4
1897	1022,9	764,0	258,9	[illegible]	474,2	434,3	39,7	4
1898	1014,9	754,7	260,2	[illegible]	556,9	542,9	14,0	5
1899	1047,9	825,3	232,6	[illegible]	583,2	562,0	21,2	5 ½
1900	1216,0	965,6	250,4	[illegible]	541,3	478,3	63,0	4 ½
1901	1457,4	1171,9	285,5	[illegible]	414,9	351,9	63,0	4
1902	1475,6	1162,8	312,7	[illegible]	425,5	362,5	63,0	3 ½
1903	1472,2	1165,2	307,4	[illegible]	483,3	420,3	63,0	3
1904	1519,9	1210,7	303,2	[illegible]	600,2	537,2	63,0	3
1905	1483,2	1127,8	305,4	[illegible]	736,3	673,3	63,0	4
1906	1464,0	1167,9	296,1	[illegible]	872,4	809,4	63,0	4
1907	1449,9	1154,4	295,5	[illegible]	848,5	785,5	63,0	6
1908	1549,6	1241,5	308,4	[illegible]	782,8	719,8	63,0	4
1909	1735,6	1421,7	313,9	[illegible]	785,2	722,2	63,0	4
1910	1689,6	1386,5	303,4	[illegible]	996,6	933,6	63,0	5
1911	1654,5	1358,5	298,0	[illegible]	1261,9	1198,9	63,0	5
1912	1519,9	1270,3	249,6	[illegible]	1471,2	1408,2	63,0	6
1913	1557,6	1303,0	274,6	[illegible]	1035,3	972,3	63,0	5 ½
1914 1er semestre	1625,5	1317,8	131,4	[illegible]	962,1	899,1	63,0	4 ½
1914 2e semestre	1239,7	1107,8	69,4	[illegible]	2170,8	2156,0	14,8	5 ½
1915	788,5	719,1	61,4	[illegible]	3188,6	3125,6	63,0	5
1916	365,9	304,5	59,8	[illegible]	3005,5	2899,6	5,9	5
1917	337,7	278,4	59,7	[illegible]	3026,2	2963,2	63,0	5
1918	334,8	275,1	50,6	[illegible]	3052,4	3027,4	25,0	5
1919	303,9	244,3	59,6	[illegible]	8290,1	8281,0	9,0	5
1920 (3)	293,1	233,7	[illegible]	[illegible]	31843,2	31761,1	52,1	5
1921 { (4) Opérations pour le compte autrichien.	0,1	0,1		[illegible]	31646,7	31634,4	12,3	5
1921 { Opérations pour le compte hongrois.	0,2	—	0,2	[illegible]	13861,9	13861,9	—	5

(1) De 1878 à 1890 les chiffres indiqués sont la moyenne de l'année; à partir de 1891 les chiffres indiquent la situation à la fin de [illegible].
(2) Y compris les bons de caisse émis pour le compte de l'Empire.
(3) Liquidation de la Banque austro-hongroise.
(4) [illegible]ation de la fin de février.

Rédigé d'après les situations publiées par le Bulletin [illegible] de *Législation comparée.*

CHAPITRE IV

LA BANQUE NATIONALE DE GRÈCE

La circulation fiduciaire et le change de la Grèce avant l'introduction du système de la loi de 1910. — La loi de 1910. — Son analyse. — Ses avantages comme réglementation du change. — Ses avantages comme système de circulation. — Ses inconvénients. — L'application du système de la loi de 1910. — Son succès et les services que le système a rendus à la Grèce. — La situation actuelle de la circulation fiduciaire et du change grec. — Les causes et les conséquences de la baisse de la drachme. — La nouvelle politique de change.

La Grèce possède une circulation de billets de banque depuis 1842 ; ils étaient émis par la Banque Nationale de Grèce, jouissaient du cours légal et gagnèrent tout de suite la confiance du public parce que la Grèce souffrait, à cette époque, d'une pénurie de numéraire et qu'ils comblaient les besoins monétaires du pays. Le régime légal n'a pas régi longtemps la circulation fiduciaire de la Grèce, car le cours forcé a été proclamé plusieurs fois et maintenu pendant des périodes plus ou moins longues.

En 1848, à la suite des événements politiques et de la crise économique qui eut sa répercussion en Grèce, le gouvernement grec, en présence de l'exode de la monnaie métallique dû à une limitation des crédits à l'étranger et aux remises considérables que le commerce grec devait faire à l'extérieur, se vit obligé de suspendre, par le décret du 4 avril 1848, l'obligation de la banque de rembourser ses billets. Mais quelques mois plus tard, le 19 décembre 1848, la Banque Nationale de Grèce reprend les paiements en espèces et la circulation fiduciaire se développe et fonctionne normalement. La hausse du change pendant cette période de cours forcé a été insignifiante.

En 1868, à la suite de l'insurrection de la Crète, le gouvernement eut besoin de fonds ; la Banque Nationale de Grèce fut forcée de faire une avance de numéraire au gouvernement qui, en même temps, le 30 décembre 1868, décréta le cours forcé de ses billets de banque. Mais dès le 15 mars 1870, le cours forcé fut abandonné et la Banque Nationale de Grèce put reprendre le remboursement de ses billets en espèces. La hausse du change ne dépassa pas 6 % (105 ½ lepta environ le franc).

Le cours légal dura jusqu'en 1877 lorsque, à la suite de la crise provoquée par la guerre russo-turque et par les soulèvements, en Crète, Thessalie, Epire, le gouvernement grec dut faire face à des dépenses extraordinaires. Il s'adressa à la Banque Nationale de Grèce, laquelle, par son encaisse métallique et par les émissions supplémentaires de billets avança au gouvernement les sommes nécessaires. Le cours forcé fut décrété le 17 juin 1877, et resta en vigueur jusqu'au 1er janvier 1885. La hausse du change ne dépassa pas une limite modérée, grâce aux sommes considérables mises à l'étranger à la disposition du gouvernement grec ; la plus haute moyenne annuelle a été 114 1/6 en 1883.

En 1885, grâce à un emprunt extérieur de 170 millions drachmes, le paiement en espèces est rétabli, mais cette mesure fut prématurée et dès le mois de février les cours du change dépassaient le point de sortie de l'or ; l'encaisse métallique de la Banque Nationale et les disponibilités qu'elle avait auprès de ses correspondants à l'étranger émigraient hors du pays. A cette époque l'équilibre budgétaire n'était pas assuré, le service de la dette extérieure et l'inflation monétaire provoquée par les émissions de billets pour le compte du gouvernement entraînaient une hausse du change. Le rétablissement du cours forcé s'imposait et le 20 septembre 1885 il fut proclamé pour la dernière fois.

Depuis 1885, à cause de l'accroissement disproportionné de la circulation fiduciaire, d'une balance des comptes difficile à équilibrer, d'une politique d'emprunts tant à l'intérieur qu'à l'extérieur, du régime du cours forcé, les cours de changes ne cessent pas de monter. En 1885 la moyenne du change sur Paris était 105,80, en 1890 elle s'élevait à 123,50, en 1895 elle atteignait le plus haut cours 180,21, pour retomber en 1900 à 164,39 (1).

La Commission Internationale nommée pour organiser un contrôle de la Dette hellénique, s'occupe aussi de l'amélioration du régime fiduciaire. En vertu de l'article 3o de la loi sur le Contrôle International du 26 février 1898 la Dette de l'Etat, en billets de banque à cours forcé, s'élevant à environ 74 millions drachmes, ainsi que la dette en coupures de 1 et 2 drachmes, s'élevant à 20 millions, seront amorties, à partir de 1900, au moyen des versements annuels dont le minimum est fixé à deux millions drachmes. Ainsi toute émission nouvelle des billets de banque cessait, et même on retirait régulièrement deux millions par an.

La Banque Nationale de Grèce, devant cette hausse considérable des changes, fut chargée d'intervenir sur le marché des changes, pour faire cesser les fluctuations soudaines et considérables en réglant l'offre et la demande

---

(1) Cours du change. — Moyenne annuelle du change à vue sur Paris :

1885	105,80	1893	160,77
1886	123,25	1894	174,92
1887	126,33	1895	180,21
1888	127,33	1896	173,89
1889	123	1897	167,57
1890	123,50	1898	147,41
1891	129,83	1899	156,50
1892	143,63	1900	164,39

D'après Damiris, page 48, vol. I.

de change. La Grèce est un pays dans lequel la demande de change ne correspond pas à l'offre ; en effet, en août au moment de l'exportation de la récolte du raisin, la Grèce se trouve créancière de l'étranger et les lettres de change abondent sur le marché ; par contre en novembre, à l'époque des importations de céréales la Grèce est débitrice de l'étranger et les lettres de changes devenaient rares. Pendant ces périodes les écarts entre le change minimum et le change maximum étaient importants — ils atteignaient parfois 3o % — et l'intervention de la Banque Nationale, comme organe régulateur, aurait écarté toute spéculation en matière de change.

La politique de la prime sur l'or ne pouvait être appliquée parce que la Banque Nationale de Grèce ne possédait qu'un faible stock d'argent qui serait vite épuisé et obligerait la banque à céder son or. La politique de l'escompte n'était pas praticable en Grèce, parce que le marché grec se trouve isolé des principaux centres monétaires et une élévation même importante n'aurait jamais pu provoquer un courant d'or vers la Grèce. Il ne lui restait plus qu'à accumuler des disponibilités à l'étranger qui lui permettaient de tirer des chèques et de fournir du change au moment voulu à ceux qui avaient des paiements à faire à l'étranger.

Depuis 1898 la situation économique de la Grèce se trouve améliorée et la Banque Nationale de Grèce se consacre de plus en plus aux opérations de change et se constitue des dépôts importants dans les banques françaises, anglaises, américaines et allemandes.

A partir de 1901, nous constatons une tendance du change vers la baisse aboutissant, à la fin de 1909, au retour du change au pair. Elle était due : 1) à une réduction de la circulation des billets de banque pour le compte du gouvernement ; cette circulation se trouvait réduite en 1909 à 61.778.575 drachmes ; 2) à l'obtention d'une balance des comptes favorables. En 1886, il y avait entre les exportations et les importations grecques un écart considérable qui a été réduit en 1910 à 24 millions drachmes par un accroissement des exportations et une diminution des importations. Mais cela n'aurait pas suffi et d'autres éléments de la balance des comptes étaient intervenus pour rendre cette balance favorable. Ces éléments sont : a) les remises importantes des Grecs émigrés ou établis à l'étranger ; b) les recettes, de plus en plus considérables, de la marine marchande (versées pour la plupart en or) ; c) les revenus de Grecs établis à l'étranger, qui après leur retour en Grèce, conservent leur fortune à l'étranger et touchent en Grèce leurs revenus ; d) le rapatriement de la Dette hellénique à l'étranger et par suite la diminution des sommes nécessaires au service de la Dette. 3) à l'intervention de la Banque Nationale sur le marché des changes, en réduisant les fluctuations du change ; la Banque Nationale profita de cette situation favorable de la balance des comptes pour se constituer une réserve d'or, utile pour le retour au cours légal et pour le cas où la balance commerciale deviendrait défavorable : cette réserve d'or s'élevait à la fin de 1909 à 40,2 millions drachmes.

Mais cette situation présentait des inconvénients. Les limites dans lesquelles était enfermé le droit d'émission enlevaient toute élasticité à la circulation de la Grèce. La circulation limitée et même réduite en vertu de la loi de 1898, rendait les moyens de paiements absolument insuffisants, à cause du développement économique et de l'accroissement continu des affaires dans le pays. La politique de stabilisation du change suivie par la Banque Nationale se trouvait aussi entravée par cette circulation limitée, parce que la Banque ne pouvait consacrer que des faibles sommes à l'achat du change et ne pouvait se servir d'une émission supplémentaire des billets pour accroître ses disponibilités à l'étranger.

Elle a cherché un procédé qui, sans lui faire courir de risque au change, lui permettrait une augmentation de la circulation, basée cette fois sur des principes sains, et c'est la fameuse loi ΓΧΜΒ du 19 mars 1910 qui a résolu toutes ces difficultés (1).

L'article 8 al. a) de la loi en question décide :

« Un décret royal pourra ratifier des conventions avec la Banque Nationale de Grèce, par lesquelles il sera conclu que : 1) la Banque Nationale est autorisée à émettre pour son propre compte, des billets de banque, au delà de la somme qu'elle a le droit d'émettre en vertu des lois et conventions en vigueur, dans le but spécial d'achat d'or

---

(1) Pour plus de détails voir la remarquable thèse de M. DAMIRIS, à laquelle nous avons eu, fréquemment, recours.

et de change, au pair au maximum ; la dite Banque sera tenue de revendre l'or et le change achetés jusqu'à leur épuisement : l'or, au pair, plus un pour mille ; le change, au prix de lepta 100 et 50 centièmes du lepton, le franc sur Paris, et proportionnellement sur la base du pair, le change sur les autres pays. Les billets de banque émis dans le but ci-dessus, ainsi que l'or et le change achetés, seront portés sur des comptes spéciaux au passif et à l'actif de la Banque Nationale et devront se balancer, le change et l'or étant évalués au pair. La convention fixera le maximum jusqu'à concurrence duquel la banque aura le droit de procéder à une émission supplémentaire de billets de banque dans le but ci-dessus, ce maximum pouvant être augmenté par des couvertures ultérieures ».

L'article 8 de la loi de 1910 donnait à la circulation fiduciaire l'élasticité nécessaire pour satisfaire les besoins monétaires du pays, car les émissions nouvelles de billets de banque dépendent de l'abondance du change présenté pour être vendu, qui dépend, à son tour, du mouvement du marché en général. Il augmente la confiance dans le drachme-papier, puisque toutes les émissions supplémentaires de billets de banque sont soumises à des conditions rigoureuses. Il contribuait à la stabilité des cours du change aux environs du pair ; la Banque Nationale, en période d'abondance du change, empêche une baisse des cours en l'achetant à un prix un peu au-dessous du pair et en période de rareté du change elle évite une hausse des cours en le vendant à un prix très près du pair. Le système de la loi de 1910 permettait une augmentation de la cir-

culation fiduciaire sans provoquer une baisse du change ;
toute émission supplémentaire était complètement couverte par l'or et le change achetés et toute vente de change
entraînait une contraction de la circulation. Le système
présentait encore l'avantage de permettre à la Banque
Nationale de Grèce d'utiliser la couverture des billets. Au
lieu de transformer toute cette couverture en or et de
l'enfermer dans ses caves, la banque la laissait à l'étranger
sous forme de disponibilités et entraînait des profits
puisqu'elle consistait soit en dépôts à vue payables en or,
soit en effets de commerce à court terme, de tout premier
ordre.

Le système courait deux risques éventuels:

a) Une balance des comptes régulièrement défavorable
à la Grèce ; ces réserves de change et d'or, si importantes
qu'elles soient, se seraient alors épuisées et la banque
n'eut plus pu les reconstituer.

b) La proclamation du cours forcé dans un des pays
étrangers où se trouveraient déposées ces disponibilités,
ou la guerre avec les pays où ces dépôts sont constitués ;
dans les deux cas ces dépôts risquaient d'être perdus ou
tout au moins inutilisables, et n'auraient pu servir de
couverture aux billets émis sur eux.

Le nouveau système de circulation fiduciaire fut immédiatement mis en application et réalisa toutes les
prévisions.

Pendant la période de 1910-1914, nous constatons une
amélioration considérable dans les conditions de la circulation fiduciaire et du change grec. La circulation des

billets pour le compte de la loi de 1910 augmente, ce qui nous montre l'importance de l'excédent annuel de la balance des comptes favorable à la Grèce. En même temps les disponibilités à l'étranger augmentent elles aussi, parce que toute cette émission devait être complètement couverte avec de l'or ou du change ; les fonds à l'étranger, possédés par la Banque Nationale de Grèce, s'élèvent à 172,9 millions drachmes à la fin du deuxième trimestre de 1914. La couverture des billets émis pour le compte de la Banque Nationale de Grèce et en dehors de la loi de 1910 augmente de 35 millions drachmes, grâce à la politique suivie par la Banque Nationale, qui n'a rien négligé pour renforcer son encaisse métallique : elle est même, depuis 1913, supérieure au montant de ces billets. Pendant toute cette période le change se maintient au pair, même au-dessous du pair (1), et très stable dans le courant de chaque année.

La déclaration de la guerre mondiale procure à la Grèce une nouvelle occasion d'essayer son nouveau système de circulation et de change. Grâce à l'élasticité de son régime

---

(1) Cours du change. — Moyenne annuelle du change à vue sur Paris :

1910	99.93
1911	99.94
1912	99.93
1913	100.00
1914	100.17

Damiris, page 202, vol. I.

monétaire, à ses importantes disponibilités à l'étranger et à leur facile réalisation, la Grèce put franchir toutes les difficultés et évita toute crise ; la Banque Nationale de Grèce fournit les moyens monétaires et les crédits nécessaires et réussit à maintenir la fixité du change.

La guerre en se prolongeant entraîna chez la plupart des belligérants une situation économique et monétaire défavorable, qui ne devait pas tarder à produire ses effets sur leur balance économique et sur leur propre change ; en effet, à partir de 1915 le change sur les belligérants se mit à baisser au-dessous du pair sur le marché grec. La Banque Nationale de Grèce se rend compte des résultats, parce que cette baisse des changes diminuait la valeur des disponibilités constituées par elle, avant 1915, dans la plupart des pays belligérants et qui servaient de couverture des billets de banque émis pour le compte de la loi de 1910. La Banque Nationale de Grèce ayant prévu cette baisse a retiré presque complètement les réserves de change se trouvant chez eux par des virements successifs sur les Etats-Unis, pays qui maintenait encore le remboursement de ses billets et la libre exportation de l'or. La Banque Nationale de Grèce continua à acheter et à vendre les devises tirées sur les pays à monnaie dépréciée, tout en tenant compte de cette dépréciation ; c'est une dérogation de la loi de 1910, puisque l'équilibre effectif dans le compte spécial de la loi de 1910 n'existait plus. Cette opération pouvait entraîner des profits, mais aussi des pertes importantes pour la Banque Nationale. Une autre difficulté était celle de savoir qu'elle était la baisse d'une monnaie par rapport au pair or, l'or ayant cessé de jouer son rôle de régulateur automatique des changes. La banque éluda cette difficulté en réglant les cours du change sur Paris, Londres et les autres places, sur la base de la parité du dollar, qui se substitua ainsi au pair de la loi de 1910.

Malgré les modifications apportées à la loi de 1910, le système put assurer à la drachme grecque, pendant la neutralité de la Grèce, un cours égal à celui du dollar et supérieur à ceux des monnaies des belligérants (1). Les dépôts de change à l'étranger, possédés par la Banque Nationale, ne cessaient pas d'augmenter ; ils s'élevaient en 1914 à 172,9 millions drachmes, en 1915 à 253,6 mil., en 1916 à 488,8 mil., en 1917 à 898,5 millions drachmes. Cette augmentation était due à une balance des comptes favorable à la Grèce. En même temps la circulation pour le compte de la loi de 1910 s'est considérablement augmentée ; elle représentait à la fin de 1917 les 4/5 de la totalité de la circulation fiduciaire du pays.

L'intervention de la Grèce à côté des Alliés entraîna une forte demande de devises sur l'étranger, pour le règlement des importations des marchandises nécessaires au ravi-

---

(1) Cours du change. — Moyenne annuelle du change à vue sur Paris :

1915	94,72
1916	88,17
1917	90,12

DAMIRIS, page 283, vol. I.

taillement du pays, pour le paiement des commandes
militaires faites par le gouvernement, pour les virements
nécessités par le courant de sortie des capitaux. Ces
demandes de change auraient pu épuiser les disponibilités
à l'étranger et rendre impossible la continuation de la
politique de fixité du cours de la drachme aux environs du
pair. Grâce aux avances que la France, l'Angleterre et
les Etats-Unis faisaient à la Grèce, celle-ci put écarter ces
périls. Ces avances étaient accordées sous forme d'ouver-
ture de crédits près de leurs Trésors respectifs, pour le
compte du gouvernement hellénique ; celui-ci virait, au
fur et à mesure de ses besoins, ces crédits à l'ordre de la
Banque Nationale de Grèce, qui, à son tour, devait mettre
en circulation des billets de banque pour une somme
équivalente. Ces avances, pouvaient, atteindre pour
l'année 1918, la somme de 750 millions, mais n'étaient
réalisables que six mois après la conclusion de la paix.
En outre, la France et l'Angleterre ouvraient d'autres
crédits, au Trésor hellénique et la Banque Nationale de
Grèce, destinés à servir de garantie à de nouvelles émissions de billets de banque remises aux Alliés, dans le but
de leur procurer l'argent nécessaire à leurs dépenses en
Grèce. A la fin de l'année 1918, la Banque Nationale de
Grèce possédait 1.666 millions de drachmes de disponibilités à l'étranger ; la circulation pour le compte de la loi
de 1910, en principe entièrement couverte, avait presque
doublé. Quant à la circulation pour le compte de la
Banque Nationale, elle subit une diminution et avait une
couverture à peu près intégrale. Le change fut favorable

pendant toute l'année, la moyenne du cours du change sur Paris a été 97,21 (1).

Les difficultés apportées à la conclusion de la paix, la mobilisation de la Grèce et d'autres circonstances particulières à son marché ont aggravé le développement de la circulation et compromis la stabilité de la drachme. La circulation fiduciaire, tant celle pour le compte de la Banque Nationale que celle pour le compte de la loi de 1910, augmente pendant les six premiers mois de 1919 ; cette extension de la circulation était due aux avances consenties à la Grèce et à la situation du marché économique et monétaire mondial et au régime d'interdiction de sortie des capitaux qui en a été la conséquence. Pendant le deuxième semestre de 1919, la circulation pour le compte de la Banque Nationale présente une augmentation, due aux besoins financiers de l'Etat et aux dépenses nécessitées par l'armée alliée en Orient, tandis que la circulation pour le compte de la loi de 1910 subit une diminution de 21 millions drachmes.

Vers le milieu de 1919 il s'est produit sur le marché d'Athènes une hausse du franc et des autres monnaies par rapport aux cours simultanés de ces mêmes monnaies à New-York, ce qui a fini par déterminer également une hausse du dollar en Grèce. Cette baisse de la drachme était due à une demande de change, dépassant toutes les prévisions, de la part des commerçants et des capitalistes

------

(1) DAMIRIS, page 317, tome I.

grecs. Les disponibilités à l'étranger diminuaient et la Banque Nationale craignait, si cette demande de change continuait, que les billets émis ne soient plus garantis que par les avances et les crédits consentis par les Alliés ; or, ces avances n'étaient réalisables que 6 mois à partir de la conclusion de la paix. D'autre part, la Banque Nationale vendait le change au pair du dollar et encaissait l'équivalent en francs et livres sterling, qui baissaient de plus en plus ; il en résultait pour elle une perte considérable. Il fallait fixer une nouvelle base de réglementation de la drachme et c'est ce que l'on a fait, vers la fin de 1919, quand, par une nouvelle dérogation à la loi de 1910, on a remplacé le pair du dollar par celui de la livre sterling.

La situation du marché grec s'aggrave et le gouvernement voit l'impossibilité de suivre la politique de change basée sur la loi de 1910, qu'il a essayé d'appliquer jusque-là. Le 22 janvier 1920, il prend une décision qui constitue une abrogation partielle du système de la loi de 1910. Cette décision institue deux cours du change en Grèce : le premier reste fixé d'après les principes de la loi de 1910 et est gagé sur les disponibilités accumulées à l'étranger ; le deuxième est fixé librement sur le marché du change par la loi de l'offre et de la demande. Les réserves de change de la loi de 1910 ne peuvent plus être utilisées que pour les commandes du gouvernement à l'étranger et pour l'importation de certains articles. La Banque Nationale de Grèce cessait de fournir du change à ceux qui avaient des paiements à faire à l'étranger et cela au moment où son

intervention aurait été plus utile puisque à partir de 1920
la balance des comptes devient de plus en plus défavorable
à la Grèce. Les conséquences d'un changement aussi
radical dans la politique de change de la Grèce ne tardèrent
à se manifester. Une importante hausse des cours fut
enregistrée et depuis les devises étrangères ne cessèrent
de se maintenir à des cours très élevés.

En abandonnant le système de la loi de 1910, la Grèce
a perdu son plus grand avantage : la stabilité de la
drachme, et tous ses efforts doivent tendre à un retour au
système qui pendant son application a donné des preuves
suffisantes de son efficacité.

LA BANQUE NATIONALE DE GRÈCE

ANNÉES	ENCAISSE MÉTALLIQUE	BILLETS en CIRCULATION	PORTEFEUILLE COMMERCIAL	PAPIER sur L'ÉTRANGER	FONDS à L'ÉTRANGER	TAUX de L'ESCOMPTE
En millions et centaines de mille francs						
1890	3,2	122,7	11,1		7,6	7
1891	3,2	122,7	11,1		7,6	7
1892	2,4	120,2	11,7		9,7	6½
1893	2,5	113,1	11,5		5,5	6½
1894	1,9	110,5	10,5		11,7	6½
1895	1,9	130,0	13,2		11,6	6½
1896	1,8	111,9	13,9		13,0	6½
1897	2,0	134,3	13,0		14,7	6½
1898	2,0	123,4	16,1		7,3	
1899	2,4	125,7	24,4		13,6	6½
1900	1,9	140,5	29,2	8,4	15,9	
1901	1,8	136,9	33,9		18,6	6½
1902	1,8	142,0	31,8		15,0	6½
1903	1,4	137,3	29,7		21,4	
1904	2,3	130,8	30,1		40,3	
1905	2,1	126,1	33,1		40,4	
1906	3,1	129,3	34,2		47,8	
1907	3,3	135,6	37,0		40,9	
1908	3,0	127,7	35,7		42,7	
1909	4,2	134,5	33,1		40,2	
1910	4,6	133,0	41,7		68,9	
1911	14,0	135,4	42,1		95,7	
1912	16,9	190,1	46,0		151,1	
1913	24,8	235,8	31,5		230,2	
1914 1ᵉʳ semestre	29,7	212,3	44,1		171,0	
1914 2ᵉ semestre	39,2	252,3	72,9		172,9	
1915	58,2	378,9	43,8		253,6	
1916	60,3	554,4	43,4		488,8	
1917	63,0	859,4	42,6		898,5	
1918	54,3	1267,5	35,8		1666,0	
1919						
1920	56,9	1490,6	135,0		1339,1	
1921 1ᵉʳ trimestre	56,7	1559,3	132,7		1397,8	

Rédigé d'après les situations publiées par le *Bulletin de Statistique et de Législation comparée.*

CHAPITRE V

DISCUSSION GÉNÉRALE de la POLITIQUE

du

PORTEFEUILLE sur L'ÉTRANGER

L'enquête monétaire de 1865. — La critique de Cl. Juglar. — Le rapport de Burdeau. — Les critiques de M. P. Loubet. — Qu'est-ce qu'il arriverait dans l'hypothèse d'une application universelle de cette politique. — L'enquête allemande de 1908. — La critique de l'assimilation du portefeuille sur l'étranger à l'encaisse métallique.

La question du portefeuille sur l'étranger a été exposée et discutée à maintes reprises dans les enquêtes bancaires et monétaires, dans les discussions parlementaires et dans divers ouvrages. Les opinions exprimées ont été très différentes et il nous semble intéressant de résumer les principales et de dire quelques mots sur les mérites et la valeur des motifs donnés.

En 1865 eut lieu, en France, une enquête sur les principes et les faits généraux qui régissent la circulation monétaire et fiduciaire ; parmi les nombreuses questions mises en discussion se trouvait celle de la création, à la Banque de France, d'un portefeuille étranger.

Un assez grand nombre de déposants se sont montrés favorables à cette politique et ont soutenu que la Banque de France devrait avoir, constamment, un approvisionnement de papier sur l'étranger. Le portefeuille sur l'étranger a été présenté, soit comme un moyen de maintenir l'encaisse et de régulariser le taux de l'escompte, soit comme une compensation de la suppression des prêts sur titres et de l'aliénation de ses rentes. Mais c'est surtout au premier point de vue que la discussion s'est établie.

Après avoir montré le rôle prépondérant que joue les cours du change dans les variations du taux de l'escompte, ils concluaient que la Banque par des opérations de change, faites à temps et d'une manière intelligente, peut enrayer certaines situations qui aboutiraient à une crise passagère (1).

La Banque peut aussi, lorsque le cours du change est favorable à l'exportation de l'or, dans un pays étranger, en négociant du papier sur ce pays, augmenter l'offre et faire baisser le prix ; de cette manière elle rend la sortie de l'or impossible (2).

En se servant du papier étranger arrivé à l'échéance, la Banque peut faire venir l'or dont elle a besoin ; quand

---

(1) Pinard, page 187, tome I.
(2) Pereire, page 617, tome I, aussi M. Kœnigswarter, page 620, tome II.

elle a des lettres de change dans son portefeuille, elle a de l'or, parce qu'elle peut les échanger contre de l'or (1).

Les représentants de la Banque de France et d'autres opinions, également émises dans l'enquête, croyaient, au contraire, que la création d'un portefeuille sur l'étranger serait non seulement inutile, mais nuisible.

Si le change est au pair, l'achat par la Banque de France du papier sur l'étranger soustrait à la circulation une partie de ce papier, en rend l'offre plus rare, provoque la hausse et nuit au commerce. Si le change est au-dessus du pair, c'est-à-dire dans des conditions où l'or est prêt de prendre la route de l'étranger, la Banque en achetant du papier sur l'étranger, diminuera encore la quantité, déjà insuffisante pour les besoins du marché, et au lieu d'attirer le numéraire elle en provoquerait la sortie. Si, au contraire, le change est au-dessous du pair, la Banque en achetant du papier sur l'étranger en provoque la hausse et empêcherait l'or d'arriver naturellement chez elle (2).

L'objection soulevée n'est pas si forte qu'elle le paraît, à première vue ; dans la pratique les banques d'émission qui suivent la politique du portefeuille sur l'étranger sont loin de procéder de cette manière.

Le change au pair veut dire que la balance des comptes est en équilibre ; les dettes exigibles du pays envers l'étranger se compensent par les créances échues, la

---

(1) PEREIRE, page 647, tome I, aussi DENIÈRE, page 392, tome I, COHEN, page 334, tome II.

(2) DE WARU, pages 102-127, tome III.

demande d'effets de change est satisfaite par une offre
égale. La circulation métallique intérieure et la réserve
d'or, possédée par la Banque, ne court aucun risque. On
ne voit pas, alors, pourquoi la Banque de France inter-
viendrait comme acheteur sur le marché de change, sinon
pour troubler l'équilibre, si rarement obtenu. Si le change
est au-dessus du pair, notamment lorsque le point de
sortie de l'or est dépassé, la banque d'émission non seulement cessera tout achat de papier sur l'étranger, mais
encore elle réalisera celui qu'elle possède. C'est en
prévision d'une pareille situation qu'elle s'est constitué
un portefeuille sur l'étranger et en le jetant sur le marché
la banque provoquera une baisse des cours au-dessous du
point de sortie de l'or, ou tout au moins empêchera une
nouvelle hausse. Si enfin, nous passons à l'hypothèse du
change au-dessous du pair, il est exact que la banque
d'émission en achetant du papier sur l'étranger provoquera une certaine hausse du change ; mais au lieu de la
considérer comme un inconvénient nous y voyons un des
avantages du portefeuille sur l'étranger : la stabilité des
cours du change. Grâce à ce portefeuille la banque d'émission, empêche non seulement la hausse des changes, mais
encore toute baisse trop importante, et parvient à maintenir les cours dans des limites étroites, aux environs du
pair.

Une autre critique était celle des risques courus par la
banque d'émission puisqu'elle n'a pas sous la main le
principal obligé du titre, ne peut apprécier sa valeur, elle
ne peut poursuivre son recouvrement. La banque doit

s'occuper des signatures à l'étranger et comme il survient quelquefois des faillites, elle est obligée d'avoir un contentieux qui s'occupe de ses liquidations à l'étranger (1).

Les risques signalés existent, mais la banque d'émission a la possibilité de prendre diverses mesures de précaution pour les réduire au minimum. Même si la banque éprouve une perte, dans le commerce d'effets sur l'étranger, elle est vite compensée par les bénéfices que cette opération procure, dans son ensemble, à la banque d'émission.

Les adversaires faisaient encore remarquer que la création d'un portefeuille sur l'étranger est une opération dont les banques d'émission étrangères feraient aussitôt la contre-partie et par conséquent les deux opérations seraient neutralisées l'une par l'autre. Si, pour tirer de l'or d'un pays étranger, la Banque de France s'approvisionne de papier sur ce pays, la banque d'émission de ce pays, par exemple la Banque d'Angleterre, a un moyen simple de parer à cette menace faite à son encaisse, elle peut acheter, de son côté, pour une somme équivalente du papier sur Paris et paralyser à son gré l'action qu'elle aurait tenté d'exercer (2).

Cette objection suppose qu'il y a nécessairement une rivalité entre la Banque de France et la Banque d'Angleterre, par suite des besoins identiques. L'expérience a

---

(1) De Waru, page 407, tome I ; aussi Ad. Durand, page 431, tome I.

(2) De Waru, page 407, tome I ; aussi le baron J. de Rothschild, page 459, tome I ; A. André, page 442-443, tome I.

montré que la rivalité n'existe pas et qu'il y a des cas où l'un des établissements a des besoins que l'autre n'éprouve pas. Souvent la Banque de France a pu emprunter à la Banque d'Angleterre et la Banque d'Angleterre a pu emprunter à la Banque de France ; il n'y a pas antagonisme et l'objection repose sur un fait contredit par la pratique.

On disait encore que la politique du portefeuille sur l'étranger n'est qu'un expédient qui retarde la hausse du taux de l'escompte et recule la crise, sans avoir une influence sur les causes profondes des événements.

« Mais retarder la hausse et reculer la crise, c'est parfois l'éviter. Souvent la manœuvre judicieuse des devises a permis à la banque de laisser passer l'orage sans devoir se mettre à l'abri de l'escompte, et de donner au public, impressionné par la soudaineté des événements, le temps de se ressaisir (1) ».

Clément Juglar affirmait que l'essai qui a été fait en Belgique n'a pas répondu à ce que l'on en attendait. « L'expérience faite n'a pas donné les résultats que cette combinaison ingénieuse paraissait promettre, elle n'a pas été répétée ailleurs, cette absence d'imitateur prouve assez son inutilité (2) ».

-----

(1). E. van Elewyck. *La Banque Nationale de Belgique*, page 325.
(2) Clément Juglar. *Des crises commerciales*, page 173.

Les événements ont démenti l'opinion de Juglar et ont démontré l'efficacité de la politique du portefeuille sur l'étranger ; ce système a été appliqué par beaucoup d'autres banques d'émission, comme un moyen efficace d'influencer les changes défavorables et d'attirer l'or.

Burdeau dans son rapport présenté au Parlement soutenait que le portefeuille sur l'étranger est insuffisant à modifier le cours des changes, qui sont déterminés par la situation commerciale, financière et monétaire de deux pays. « La banque aurait beau acheter des créances sur Londres, elle n'améliorerait pas la situation de notre marché ; elle ne ferait pas que nos négociants, eux, eussent moins de dettes à payer à Londres ni plus de créances à recevoir. Elle n'améliorerait que sa situation propre (1) ».

La banque d'émission ne modifierait pas, sans doute, la balance générale du débit et du crédit entre le pays et l'étranger ; en prenant le papier sur l'étranger, elle ne ferait que le déplacer, il sortirait du portefeuille des divers établissements de crédit pour passer dans le sien, mais elle pourrait à l'aide de ce portefeuille sur l'étranger, faciliter son propre fonctionnement, et procurer au pays des ressources à meilleur marché. Il est vrai que l'effort essentiel doit tendre à équilibrer la balance des comptes et à fixer le solde créditeur de son côté ; mais lorsque cette balance des comptes est passive et lorsque la banque ne

---

(1) Rapport fait par Burdeau. Séance du 18 juillet 1891.

peut rétablir l'équilibre rompu, elle doit chercher à la rectifier et l'intervention d'un portefeuille sur l'étranger pourrait donner des bons résultats.

M. Paul Loubet dit que « la constitution d'un portefeuille sur l'étranger présente, cependant, des inconvénients qui rendent irréalisable cette réforme. Les difficultés pratiques de la constitution d'un portefeuille solide sur l'étranger, les risques que la banque pourrait courir selon les modifications du taux de l'escompte des places tirées, donneraient à l'opération un caractère aléatoire qui suffirait à la faire écarter (1) ».

Les difficultés pratiques ne sont pas si grandes qu'elles rendent irréalisable cette opération. Si le relèvement du taux de l'escompte à l'étranger entraîne une réduction des bénéfices, réduction qui sera compensée par l'accroissement dans le rendement de nouvelles entrées en portefeuille, une diminution du taux de l'escompte à l'étranger augmente ces mêmes bénéfices. Et puis, pour ce qui concerne les risques la banque pourrait prendre des mesures pour ne pas subir un préjudice dans le cas d'une variation du taux de l'escompte, soit en cessant l'escompte des effets du pays où l'escompte a été relevé, soit en escomptant sous la condition qu'elle serait dédommagée de toute différence qui résulterait d'une élévation du taux étranger. Pour les pays qui, comme la France, ont un

____

(1) Paul LOUBET. *La Banque de France et l'escompte*, page 131.

taux d'escompte inférieur à celui des autres places étrangères, une élévation du taux de l'escompte étranger provoquerait une diminution de bénéfices et nullement une perte (1).

Nous pouvons nous demander si l'utilité du portefeuille sur l'étranger ne disparaîtrait pas lorsque toutes les banques d'émission suivraient cette politique.

Il est vrai que l'utilité du portefeuille sur l'étranger diminuerait et la banque d'émission, qui suit cette politique, perdrait la liberté d'action qu'elle avait lorsqu'elle était la seule à s'en servir. Même dans cette hypothèse, peu probable, les petits pays seraient dans une situation privilégiée par rapport aux grands pays. La politique du portefeuille sur l'étranger est possible dans un petit pays, parce que ses capitaux sont faibles à côté de ceux de grands pays et, à la veille d'une crise, il pourra se ravitailler en espèces beaucoup plus facilement qu'un grand Etat. « Il n'en est pas de même des nations importantes dont les exigences financières des grands pays réclament impérieusement des quantités considérables d'or, en disproportion avec les besoins d'un petit pays, si actif et si entreprenant qu'il soit. Entre banques comme la Banque d'Angleterre, la Reichsbank et la Banque de France, les manœuvres d'un portefeuille sur l'étranger seraient vite déjouées ; ces banques seraient toujours sur le qui-vive

____

(1) A. Snyckers, *La Banque de France et la Reichsbank*, pages 133-134.

et réduiraient facilement à l'impuissance les efforts de
leurs rivales en quête d'or. Mais les petits pays n'ont pas
à craindre de leurs voisins les mêmes représailles pour
autant qu'ils ne servent pas d'intermédiaires trop actifs
aux capitaux d'autres nations, et ne fassent pas systéma-
tiquement le jeu de centres financiers absorbants qui
mettent volontiers certaines opérations à l'abri des
marchés modestes et peu bruyants (1) ».

En 1908, a eu lieu en Allemagne une enquête sur les
moyens que la banque d'émission devait employer pour
compenser les fluctuations transitoires de la balance des
comptes et il ne s'est trouvé personne pour combattre le
principe d'un portefeuille sur l'étranger.

Un habile maniement de la politique du portefeuille sur
l'étranger peut être, notamment pour les pays qui ont
beaucoup d'intérêts à payer à l'étranger, un précieux
moyen pour renforcer la politique générale monétaire et
pour influencer le cours du change lorsqu'une exportation
de l'or est à craindre. L'achat de devises aura un plus
grand effet s'il est fait par la banque d'émission, que
l'achat des devises possédées par les banques et les
banquiers privés, parce que par leur vente, ainsi que par
les livraisons d'or, la banque d'émission retire une
quantité de monnaie des affaires générales et du marché
libre ; le résultat est une contraction de la circulation des
billets, qui a le même effet qu'une élévation du taux de

---

(1) E. VAN ELEWYCK. *La Banque Nationale de Belgique*, page 317.

l'escompte et qui aboutit à une baisse du cours du change étranger. Elle renforce, par ce moyen, l'effet d'une simple vente des devises. Dans les transactions des banques privées la monnaie change seulement de mains. Par la baisse du cours du change l'exportation de l'or peut être, quelquefois, diminuée, retardée ou prévenue.

Le portefeuille sur l'étranger a un deuxième effet très important : par l'achat des devises on peut mettre une limite au mouvement en baisse du cours des changes étrangers ; il intervient comme facteur modérateur sur le marché du change. Il présente encore l'avantage de permettre à la banque d'importer de l'or contre ses devises, cela sans tenir compte du prix de l'or et sans élever le taux de l'escompte (1).

La politique du portefeuille sur l'étranger peut intervenir efficacement soit indépendamment, soit comme auxiliaire de la politique de l'escompte. Lorsque le cours du change atteint le point de sortie de l'or, par la vente d'une quantité des devises, on peut prévenir, modérer ou retarder temporairement cette hausse. Si la politique du portefeuille sur l'étranger intervient seule, elle peut prévenir, modérer ou retarder une hausse du taux de l'escompte ; si elle ne réussit pas toute seule elle joue un rôle important comme auxiliaire de la politique de l'escompte (2).

---

(1) Fischel, *Bankenquete 1908, Die Verhandlungen der Gesamt-kommission zu den Punkten I-V des Fragebogens*, page 114.

(2) Dr Riesser. *Bankenquete 1908*, page 71. Voir aussi Dr Schmidt, page 100.

Un bon approvisionnement des devises en or peut provoquer une situation favorable à l'importation de l'or (1).

Les divergences d'opinions se firent jour seulement en ce qui concerne les détails d'application du portefeuille sur l'étranger. Un point litigieux était celui de savoir si on doit ou non comprendre une partie ou la totalité du portefeuille sur l'étranger dans le calcul de l'encaisse métallique.

Lexis voulait qu'une quantité déterminée — 50 millions marks — de traites sur l'Angleterre soit comprise dans l'encaisse métallique de la banque (2).

L'opinion du Dr Stroll était qu'un trop grand portefeuille d'effets sur Londres serait immobilisé en temps de guerre ; la Reichsbank se transforme en banque de guerre et les ennemis de l'Allemagne pourraient la combattre sur le terrain financier. Il ne faut pas que le portefeuille sur l'étranger soit considéré comme une partie de l'encaisse métallique de la banque (3).

Le Dr Riesser faisait la remarque que l'Allemagne est un bon client de l'Angleterre et que celle-ci possède des quantités importantes de devises allemandes ; en cas de guerre l'Angleterre ne refusera pas les paiements des devises puisque l'Allemagne pourra lui apposer la réci-

---

(1) Lexis, *Bankenquete 1908*, page 75.
(2) Lexis, *Bankenquete 1908*, page 75.
(3) *Bankenquete 1908*, page 55.

procité. Il n'admettait pas, sous aucun prétexte, que le portefeuille sur l'étranger soit pris en considération dans le calcul de la couverture des billets (1).

Fischel s'opposait à ce qu'on considère le portefeuille sur l'étranger comme encaisse métallique parce qu'il ne faut pas oublier que la fonction de la réserve métallique est de rembourser les billets de banque et pour cette opération on ne peut utiliser les devises (2).

Gontard croyait qu'on ne doit pas considérer comme or, une partie du portefeuille sur l'étranger. L'or flottant, (schwimmendes Gold), ne doit pas être utilisé comme couverture des billets parce que cet or peut sortir facilement du pays (3).

C'est en s'inspirant probablement de ces oppositions que la Reichsbank s'est toujours refusée à considérer son portefeuille sur l'étranger comme une partie de son encaisse métallique.

Pourtant certains pays, pour suppléer à une pauvreté de numéraire, confondent le portefeuille sur l'étranger avec l'encaisse métallique, le considèrent comme une réserve d'or mobilisée et sur cette base la banque d'émission édifie sa circulation fiduciaire. C'est le système adopté par la Belgique, l'Autriche-Hongrie, la Grèce, la Hollande, la Suisse et l'Italie.

Pour défendre cette assimilation des devises à l'encaisse

____

(1) *Bankenquete 1908*, pages 71-72.
(2) *Bankenquete 1908*, page 115.
(3) *Bankenquete 1908*, page 132.

effective, on a invoqué la réalisation complète et rapide du portefeuille sur l'étranger.

Si, en temps normal, les dangers résultant d'une baisse des changes ou d'une impossibilité de conversion de ces traites en or effectif ont pu être écartés, il n'en est pas de même en temps de crise ou de guerre. Les faits ont démontré que cette réalisation n'est pas si facile ; chaque fois qu'une banque d'émission a été obligée de réaliser son portefeuille sur l'étranger, elle a rencontré des difficultés de la part des pays intéressés. Ceux-ci refusaient l'escompte, ou interdisaient la sortie des espèces métalliques. Nous croyons bien supérieur et préférable le système suivi par certaines banques d'émission, lesquelles, en accumulant une encaisse considérable d'or, gardaient leur indépendance économique. Le système du portefeuille sur l'étranger qui remplace sans inconvénients en temps normal une réserve métallique, se trouve en infériorité par rapport au système assurant à l'Etat la libre disposition d'une encaisse d'or dans ses caves. On ajoutait que les banques d'émission pourraient diminuer les inconvénients soit en répartissant leur portefeuille étranger sur plusieurs places étrangères et de cette manière les devises tirées sur le pays qui fait des difficultés ne constitueraient qu'une faible partie, soit en composant leur portefeuille sur l'étranger d'après les prévisions politiques. Malgré ces précautions les risques n'existent pas moins et on ne saurait trop déconseiller aux banques d'émission, l'assimilation du portefeuille sur l'étranger à l'encaisse métallique.

CHAPITRE VI

LA BANQUE DE FRANCE

Le refus de la Banque de France de suivre la politique du portefeuille sur l'étranger. — Les raisons de son refus. — La nouvelle politique inaugurée par la Banque de France. — Son mécanisme. — Les diverses applications et les résultats obtenus. — La politique de change de la Banque de France pendant la guerre mondiale.

La Banque de France n'a jamais voulu adopter la politique du portefeuille sur l'étranger, quoique aucune disposition statutaire ne la lui interdise.

Dès l'enquête qui eut lieu en France, en 1865, la question de la création d'un portefeuille sur l'étranger à la Banque de France fut discutée. Les partisans de cette politique ont soutenu que la Banque de France devrait avoir un approvisionnement de papier sur l'étranger, afin de défendre son encaisse, en revendant ce papier à ceux qui ont des paiements à faire à l'étranger et d'assurer à la France un change favorable.

La Banque de France considérait, au contraire, la politique du portefeuille sur l'étranger comme une opération non seulement inutile, mais nuisible. Inutile, parce que les négociations qu'elle ferait avec le papier sur l'étranger ne modifieraient en rien le rapport entre le papier de la France sur l'étranger et celui de l'étranger sur la France ; il n'y aurait qu'un déplacement du papier sur l'étranger qui viendrait passer dans le portefeuille de la Banque de France. Nuisible, parce que en gardant ce papier jusqu'à l'échéance elle le rendrait plus rare et en ferait hausser le cours ; par suite elle améliorerait le change de ce pays et arrêterait l'introduction de l'or ou même provoquerait l'exportation de l'or français.

Cette question fut de nouveau discutée, en 1891, à l'occasion du renouvellement du privilège de la Banque de France. Elle s'est encore refusée à suivre cette politique et a donné les raisons suivantes que l'on trouve dans le rapport fait par Burdeau :

« L'encaisse de la Banque de France est si importante, que même au cas d'un assaut du public, la Banque, en payant à guichets ouverts et avec la plus grande vitesse possible, les porteurs n'arriveraient pas à épuiser son stock dans le délai de vingt-six jours, qui représente l'échéance moyenne de son portefeuille, en sorte que l'impossibilité d'une suspension de paiements paraît assurée (1) ». Et puis « il suffirait de la mesure de réci-

____

(1) Rapport fait par Burdeau. Séance du 18 juillet 1891.

procité la plus élémentaire de la part du pays notre
débiteur pour détruire tout l'effet de notre précaution (1) ».

En 1892, M. Hubbard, déposât à la Chambre un amendement proposant que la Banque de France se constituât
un portefeuille de traites sur l'étranger. Cette innovation,
disait-il, « aurait l'avantage de faciliter les remises de nos
nationaux sur les places étrangères, en cas de changes
défavorables, et de permettre, selon les besoins, de se
procurer de l'or dans les divers pays sur lesquels la
banque aurait du change tiré (2) ». Cet amendement ne
fut pas même discuté et il n'en fut pas fait mention lors
du renouvellement du privilège en 1897.

La Banque de France a inauguré une autre méthode
pour empêcher les tensions monétaires à l'étranger et
éviter les contrecoups qui auraient pu se produire sur la
place de Paris. Cette méthode consistait dans l'envoi de
quantités importantes d'or à la Banque d'Angleterre ;
celle-ci fournissait en échange des valeurs commerciales
anglaises, revêtues de sa signature. Ayant de cette
manière son encaisse métallique renforcée, la Banque
d'Angleterre s'abstenait de relever le taux de son
escompte et n'obligeait plus la Banque de France à élever
le sien (3).

---

(1) Rapport fait par Burdeau.
(2) Paul Loubet. *La Banque de France et l'escompte*, pages 130-
131.
(3) La Banque austro-hongroise, elle aussi, a appliqué cette

Dans ces circonstances l'escompte du papier sur
l'étranger était utile et comme cette opération ne lui était
pas interdite par les statuts, la Banque de France se
considéra comme autorisée à la faire et c'est ce qu'elle
fit.

La première fois que la Banque de France a pratiqué
cette méthode c'est en 1890 et dans le bilan de la banque
figure, temporairement, un portefeuille sur l'étranger.

La place de Londres se trouvait très embarrassée à la
suite d'une crise monétaire aggravée par la chute et la
liquidation d'une très grande maison de banque, la
maison Baring et Cie. Au mois de novembre, la Banque
d'Angleterre demanda le concours de la Banque de
France pour maintenir son encaisse à un niveau qui lui
permit d'échapper à une élévation du taux de l'escompte
au-dessus de 6 %. La Banque de France « dans l'intérêt
des relations commerciales des deux pays, dans celui,
plus grand encore, du commerce français et plus spécialement dans l'intérêt de la place de Paris (1) », consentit à
la Banque d'Angleterre une avance de 75 millions de
francs or pour une période de 3 à 6 mois, à son choix,
contre l'escompte à 3 % des bons du Trésor anglais, et

---

méthode, mais dans une moindre mesure ; elle envoyait une partie
de son encaisse or afin d'empêcher une hausse de l'escompte à
l'étranger, pour acheter des devises ou pour préparer le paiement
de l'échéance de la rente impériale.

(1) Compte rendu des opérations de la Banque de France pendant
l'année 1890.

sous la condition expresse que cette somme, en même métal, lui serait restituée à Paris. La crise fut évitée, crise qui se serait répercutée avec intensité sur le marché français, si elle n'avait été enrayée à temps, et aurait obligé la Banque de France à élever le taux de son escompte. Le nombre des effets sur l'étranger admis à l'escompte a été de trois, pour un total de 75.197.400 millions de francs. Le remboursement de ce prêt a été effectué pendant le premier semestre de 1891 et le portefeuille sur l'étranger disparaît alors des bilans de la Banque de France. Grâce à son interventioon, la Banque de France a pu maintenir son taux à l'escompte à 3 %, sans modification, tandis que le taux moyen était à Londres de 4.55 %.

La crise qui se produisit sur la place de Londres en 1906, à la suite d'un mouvement d'affaires considérables et de demandes inaccoutumées de la part des Etats-Unis, a obligé la Banque d'Angleterre à élever le taux de son escompte à 6 % sans arriver à enrayer l'exode de l'or. Comme il était à craindre que cette tension monétaire ne se répercutât en France, la Banque de France « usant de la faculté qui lui est laissée par ses statuts, d'escompter des effets sur l'étranger, a substitué ces effets à une égale quantité d'or, dirigée sur les points où de légitimes besoins appelaient son concours momentané et avec la certitude de voir son or revenir (1) ». Par l'escompte du

---

(1) Compte rendu des opérations de la Banque de France pendant l'année 1906.

papier anglais la Banque de France a fourni à la Banque d'Angleterre les sommes nécessaires pour franchir cette impasse, a prévenu la crise et a réussi à maintenir le taux de son escompte à 3 %.

La tension monétaire s'accentuant, en 1907, la Banque de France réussit à en écarter les premières répercussions par l'escompte du papier anglais ; mais la persistance de la situation l'obligea à élever le taux de son escompte à 3 ½ %, mesure qui fit cesser la tension des changes. Dès le mois de juin les effets sur l'étranger admis dans le portefeuille disparurent et furent remplacés par l'or auquel ils avaient été substitués. Une nouvelle crise plus aiguë éclata en octobre et la Banque d'Angleterre éleva le taux de son escompte sans arriver à empêcher le drainage de son or. La Banque de France se rendant compte que ces élévations successives du taux de l'escompte n'aboutiraient qu'à un drainage de la circulation métallique et à un taux d'escompte exorbitant, n'hésita pas à avancer à la Banque d'Angleterre les fonds nécessaires, pour qu'elle put les diriger vers la place de New-York. Elle mit à la disposition de la Banque d'Angleterre plus de 80 millions francs or, en monnaies américaines. Malgré ce concours la Banque d'Angleterre ne put pas éviter une élévation du taux de son escompte au-dessus de 7 %, ce qui obligea la Banque de France à élever le sien à 4 % ; mais sans ce renfort elle aurait été obligée de prendre des mesures plus graves.

Les spéculations qui se produisirent aux Etats-Unis en 1909 et le développement industriel qui eut lieu en 1910,

mirent le marché anglais devant des embarras et la
Banque d'Angleterre fut forcée d'élever le taux de son
escompte à 5 %. La Banque de France trouve alors encore
deux occasions pour suivre la politique à laquelle les
événements avaient donné raison. En employant une
partie de ses réserves en papier payable sur le marché de
Londres, elle réussit à atténuer la tension monétaire
générale, à enrayer la hausse du change, et à préserver
le pays contre tout renchérissement de l'argent. Le taux
de son escompte ne subit aucune modification, malgré
les variations survenues sur les places étrangères.

Cependant, il y avait en France un portefeuille sur
l'étranger, seulement au lieu de se trouver à la Banque
de France, il était dans les banques de dépôt. C'est une
habitude des banques françaises de se constituer un
portefeuille sur l'étranger, sous forme de traites sur
Londres. Dès qu'il y avait une difficulté de change, ou
quand elles avaient besoin d'une encaisse supplémentaire,
elles mettaient ces traites en circulation ou les faisaient
encaisser à Londres, le marché qui fournissait l'or à
volonté. C'était peut-être une des raisons pour lesquelles
la Banque de France refusait de se constituer régulièrement un portefeuille sur l'étranger, parce qu'on observe
que dans les pays où la banque centrale d'émission suit
la politique du portefeuille sur l'étranger, les banques
privées se désintéressent de cette branche d'opérations.

Ce ne fut qu'à partir de 1906 qu'on vit apparaître un
portefeuille sur l'étranger dans les bilans de la Banque
de France, mais il ne tenait qu'une place insignifiante

dans son portefeuille. La Banque de France en escomptant le papier sur l'étranger voulait aider le commerce d'exportation à réaliser ses créances et le faire profiter directement des conditions modérées de l'escompte. Afin de généraliser cette pratique, est intervenue la Convention du 11 novembre 1911 entre le Ministre des Finances et le Gouverneur de la Banque de France, qui consacre l'escompte du papier sur l'étranger. Aux termes de l'article 4, la Banque de France devait escompter, aux conditions déterminées par le Conseil Général, les effets payables à l'étranger et dans les colonies françaises, pourvu qu'ils eussent été créés soit en France, soit à l'étranger ; mais dans ce dernier cas adressés en règlement à des négociants et commerçants résidant en France.

L'escompte du papier sur l'étranger se faisait dans les mêmes conditions générales de taux, d'échéance et de signatures que celui du papier sur la France. Les règles statutaires des trois signatures et de l'échéance maxima de trois mois sont rigoureusement maintenues pour cette catégorie d'effets. Les effets sur l'étranger sont escomptés au taux officiel de la banque avec un minimum de 0,25 fr. par effet. Ils supportent encore une commission d'encaissement de 0,50 %, également avec un minimum de 0,25 fr. Les frais divers sont à la charge des cédants. Si les effets sont libellés en monnaies étrangères, ils font l'objet d'un calcul provisoire de conversion en francs ; si le cours auquel la banque reçoit couverture du montant des effets encaissés, diffère de celui qui a servi de base au décompte, le présentateur est, sous avis spécial, débité ou crédité de la différence (1). La Banque de France laisse donc les risques de change à la charge de ses clients. Cet escompte du papier sur l'étranger ne constituait pas à proprement parler une politique des devises ; avant la guerre mondiale, tout au moins, la Banque de France n'intervenait pas sur le marché du change comme vendeur de traites, lors de l'échéance elle se contentait d'envoyer ses effets à l'encaissement chez ses correspondants.

La méthode employée par la Banque de France n'était possible que pour une banque d'émission ayant une encaisse métallique importante et on ne pourrait y voir un moyen d'application générale. La Banque de France ayant compris l'importance de l'or, comme base des échanges internationaux, était parvenue à se constituer une encaisse énorme. Sa réserve d'or lui a permis de remplir son rôle fondamental qui est de régulariser et de modérer le taux de l'escompte et d'assurer au marché intérieur les ressources nécessaires, afin d'empêcher toute hausse des changes, en temps de crise ou de tension monétaire. La puissance de son stock d'or lui a permis de ne pas limiter son influence au seul marché français mais d'étendre son action à l'extérieur et de conjurer les difficultés à leur source. En envoyant son or à l'étranger, elle mettait à la disposition d'un pays ami les moyens

(1) E. SERVAIS. *Les Banques d'émission*, pages 188-189.

nécessaires pour échapper à une crise ou tension monétaire, et de cette manière évitait les répercussions qui auraient pu se produire en France, et auraient obligé la Banque de France à prendre des mesures plus graves et plus préjudiciables au commerce et à l'industrie du pays.

Grâce à cette politique la Banque de France a évité les modifications du taux de son escompte et a réussi à le maintenir, même dans les situations les plus difficiles, inférieurs à celui des autres pays. Cette stabilité et le bon marché des conditions du crédit offrent des avantages pour le commerce, l'agriculture et l'industrie du pays. Le fonctionnement des affaires est rendu plus facile, les commerçants et les industriels peuvent calculer, d'une façon plus précise, leurs engagements futurs ; l'ascension du travail au capital est encouragée.

On a vu dans cette politique un remède d'application générale, et Luzzatti disait que la paix monétaire du monde pourrait être assurée si on la subordonnait à des accords internationaux. Cette proposition a été assez mal accueillie. « Trop d'obstacles s'y opposent quant à présent. Conçoit-on une banque cédant une partie de son encaisse, c'est-à-dire du trésor de guerre de la nation, à un autre pays qui sera peut-être son ennemi de demain ? D'autre part, ces engagements n'auraient pas pour effet de favoriser l'imprudence de certaines banques trop confiantes en l'assistance étrangère ? (1) ».

---

(1) M. Ansiaux. *Principes de la politique régulatrice des changes,* page 166.

Pendant la guerre mondiale, la Banque de France qui considérait la question du change comme une de ses graves préoccupations, chercha les moyens de surmonter les difficultés provenant de l'état de guerre. La France à la suite de l'envahissement d'une partie de son territoire, de la mobilisation d'une grande partie de sa main-d'œuvre, de l'importation et des quantités énormes d'armes, munitions, denrées alimentaires, devint tributaire de l'étranger. Cette situation risquait d'entraîner une dépréciation du change et une diminution du crédit du pays.

Dès le début de la guerre elle intervient comme acheteur de devises, en aidant le commerce et l'industrie à réaliser leurs créances sur les pays alliés ou neutres. Toujours dans le même but, la Banque de France maintient et même développe ses relations avec l'extérieur, se crée de larges disponibilités sur les principales places étrangères et encourage toutes les initiatives privées en vue du rétablissement des crédits internationaux. Une rubrique nouvelle apparaît dans les bilans de la banque, *« disponibilités à l'étranger »*, qui résultent des différences entre les achats et les ventes de change faits par la banque. Son encaisse augmente à la suite des rentrées de la circulation intérieure, des paiements effectués par les marchés étrangers et par les intérêts du portefeuille sur l'étranger.

Mais à partir de 1915, le déficit de la balance commerciale augmentant toujours, les changes deviennent défavorables. La Banque de France pour atténuer au moins les effets de la crise, pour diminuer la hausse et établir des cours plus réguliers, recourt à la vente du portefeuille sur l'étranger qu'elle s'est constitué, et prête son concours à l'Etat et aux banques pour faciliter les ouvertures de crédit à l'étranger. En 1916, elle mobilisa le portefeuille français des valeurs étrangères ; un accord, conclu avec le gouvernement anglais et la Banque d'Angleterre, autorise la réalisation, par l'intermédiaire de la Banque de France, au Stock-Exchange de Londres, des valeurs appartenant aux Français. D'autre part, elle coopère aux crédits ouverts à l'étranger, au Trésor français, contre dépôt des valeurs, en aidant le Trésor à racheter les valeurs des pays neutres.

La Banque de France utilise aussi son encaisse métallique pour obtenir des crédits à l'étranger. Au début de la guerre elle obtenait, contre remise définitive d'une partie de son or, un crédit correspondant à un chiffre triple. Mais, à mesure que la guerre se prolongeait la Banque de France commençait à s'inquiéter de cette perte définitive de son or et, par de nouvelles conventions avec l'Angleterre, elle substitue le prêt à la vente de l'or envoyé ; l'or remis constituait un dépôt qui devait lui être restitué après la conclusion de la paix et lorsqu'elle aurait remboursé les crédits ouverts sur la garantie de cet or.

L'intervention des Etats-Unis aux côtés des alliés allège le poblème du change ; les avances de la Trésorerie américaine fournissent à la France, les moyens de change sur l'Amérique et la dispensent d'envoyer son or pour appuyer les crédits ouverts.

A partir de 1919, la question du change devient plus difficile ; les avances des Trésoreries anglaises et américaines, les dépenses des armées alliées en France, qui permettaient de combler le déficit de la balance commerciale, cessent.

Le marché du change est livré à lui-même et il cherche par les ouvertures de crédit privées, par les exportations des valeurs mobilières à combler le déficit. L'importance des engagements commerciaux, le solde des dettes contractées par la France à l'étranger, les fluctuations des dépôts de francs que l'étranger possédait dans les banques françaises, ont pesé sur la valeur du franc et l'ont déprécié. Le mouvement ascensionnel des devises étrangères qui avait pu être maintenu dans des limites réduites, pendant la guerre, reprend et atteint des taux de plus en plus supérieurs.

LA BANQUE DE FRANCE

ANNÉES	ENCAISSE MÉTALLIQUE	OR	ARGENT	BILLETS EN CIRCULATION	PORTEFEUILLE COMMERCIAL	PAPIER INDIGÈNE	PAPIER SUR L'ÉTRANGER	FONDS A L'ÉTRANGER	TAUX DE L'ESCOMPTE
				En millions et centaines de mille francs					
1906	3704,3	2705,7	998,6	4714,1	1255,5	1212.2	43,3		3
1907	3615,3	2690,9	924,4	4800,6	1216,0	1134,2	81,8		4
1908	4378,0	3488,4	889,6	4934,4	654,9	654,9			3
1909	4371,4	3495,4	876,0	5323,9	1100,6	1043,0	57,6		3
1910	4105,5	3279,4	826,1	5261,0	1171,9	1134,5	37,4		3
1911	4010,6	3206,5	804,1	5310,4	1396,9	1387,1	9,8		3 ½
1912	3896,5	3207,3	689,2	5584,3	1719,1	1694,5	24,6		4
1913	4157,5	3517,4	640,1	5713,6	1528,4	1511,8	14,6		4
1914 1er Sém.	4614,0	3975,7	638,3	5852,3	1611,7	1603,6	8,1		3 ½
1914 2e Sem.	4532,2	4174,4	357,8	10161,6	3626,5				5
1915	5367,4	5015,3	352,1	13309,9	2263,4	2261,8	1,6	1056,8	5
1916	5370,8	5075,9	294,9	16678,8	1958,3	1952,2	6,1	825,8	5
1917	5599,2	5351,5	247,7	22336,8	2052,8	2046,5	6,3	778,4	5
1918	5795,9	5477,6	318,3	30249,6	2074,9	2050,4	24,5	1300,5	5
1919	5846,5	5578,5	268,0	37274,5	1894,6	1892,0	2,6	1296,6	5
1920	5766,6	5500,3	266,3	37901,6	3712,8	3706,1	6,7	676,0	6
1921 1er Trim.	5771,5	5504,2	267,3	38435,1	3818,7	3307,9	10,8	643,5	6

Rédigé d'après les situations publiées par le *Bulletin de Statistique et de Législation comparée*.

CONCLUSION

Telles furent les applications de la politique du portefeuille sur l'étranger, comme moyen de défense de l'encaisse métallique et comme régulateur du cours des changes.

Assurément, elle ne remplit pas tous les éléments d'un moyen classique, puisque en temps de crise son action devient insuffisante ; toutefois en temps normal son efficacité est manifeste et ses avantages importants.

En l'utilisant séparément ou comme auxiliaire de la politique de l'escompte, les banques d'émission sont arrivées à rectifier le cours des changes et à maintenir leurs fluctuations dans des limites étroites. Elle leur a permis d'éviter de modérer ou le plus souvent de retarder la hausse du taux de l'escompte.

Le portefeuille sur l'étranger, payable en or ou en une autre monnaie équivalente à l'or, a procuré à la banque d'émission le moyen d'économiser son or, en lui permettant de satisfaire les demandes de numéraire, sans l'obliger à puiser dans son encaisse métallique. Il lui a

7*

permis de la renforcer même, lorsqu'elle la jugeait insuffisante.

Par l'achat du papier sur l'étranger, aux commerçants et industriels nationaux, papier reçu par eux en paiement, ou créé par eux sur leurs clients étrangers, la banque d'émission facilitait la réalisation de leurs créances et aidait ainsi le commerce d'exportation.

Dans le commerce d'effets sur l'étranger la banque d'émission a trouvé une source de bénéfices, que l'intérêt de ses actionnaires ne lui permettait pas de négliger. Partout ce genre d'opérations se soldait par des profits, tirés des intérêts encaissés et des différences heureuses réalisées sur le change.

Aujourd'hui, nous assistons à des fluctuations accentuées du cours des changes, dues aux émissions excessives des billets à cours forcé, aux déséquilibres énormes des balances des comptes, à une mauvaise situation financière et à une situation anormale des marchés financiers.

Il y a lieu de savoir si le portefeuille sur l'étranger ne pourrait remédier à cette situation dont souffrent la plupart des pays.

Les banques d'émission arriveraient à se constituer une réserve de change, au moyen des crédits et des emprunts qui leur seraient accordés à l'étranger ; mais ces réserves, si importantes qu'elles soient, ne tarderaient à être vite épuisées.

Les demandes de change afflueraient à la banque, soit de la part du gouvernement, pour régler ses commandes et assurer le service de ses emprunts contractés à l'étranger, soit de la part du commerce et de l'industrie, pour payer les importations extraordinaires, nécessaires au ravitaillement du pays épuisé par la guerre.

C'est dans cette situation que se sont trouvé les banques d'émission qui suivaient la politique du portefeuille sur l'étranger. Certaines d'entre elles ont vu disparaître leur portefeuille sur l'étranger et ont renoncé à suivre cette politique. D'autres, devant l'impossibilité de satisfaire toutes les demandes de change, ont cessé de fournir du change aux particuliers et réservent les disponibilités à l'étranger dont elles disposent encore, au gouvernement et à une certaine catégorie de demandes de change.

Moyen efficace de remédier à une crise passagère ou à un déséquilibre momentané de la balance des comptes, le portefeuille sur l'étranger est absolument insuffisant à remédier à la situation actuelle. Lorsque tous les pays qui sont aux prises avec les difficultés causées par les fluctuations du change, auront amélioré leur situation monétaire, assuré l'équilibre de leurs balances des comptes, et diminué le désordre de leurs budgets, nous pourrons revoir le portefeuille sur l'étranger jouer efficacement son rôle.

Vu : Le Doyen,
F. LARNAUDE.

Vu : Le Président,
Charles RIST.

Vu et permis d'imprimer.
Le Recteur de l'Académie de Paris,
P. APPELL.

BIBLIOGRAPHIE

Ansiaux (Maurice), *Essais sur la politique régulatrice des changes*, Etudes sociales des Instituts Solvay, Bruxelles, 1910, Misch et Thron.

Arnauné (Auguste), *La monnaie, le crédit et le change*, Paris, 1913, Alcan.

Bankenquete 1908. *Stenographische Berichte. Die Verhandlungen der Gesamtkommission zu den Punkten I-V des Fragebogens*, Berlin, 1909, Mittler und Sohn.

Conant (Charles). *Monnaie et Banque* (traduction de l'anglais par R.-G. Lévy), 2 vol., Paris, 1907. Giard et Brière.

Damiris (C.-J.). *Le système de circulation fiduciaire et de réglementation du change de la Grèce*, Thèse, Paris, 1920, Giard et Brière.

Elewyck (Ernest van). *La Banque Nationale de Belgique*, Bruxelles, 1913, 2 vol., Falk fils.

Juglar (Clément). *Des crises commerciales et de leur retour périodique*, Paris, 1889, Guillaumin et Cie.

Lévy (Georges-Raphaël). *Trésors publics et banques d'émission*, Paris, 1911, Alcan.

LOUBET (Paul). *La Banque de France et l'escompte*, Thèse, Paris, 1900, Rousseau.

RIST (Charles). *Cours d'Economie politique*, 1919-1920.

SERVAIS (E.), *Banques d'émission*, 3e édition, Paris, Servais.

SNYCKERS (Alexandre). *La Reichsbank et la Banque de France, leur politique*, Paris, 1908, Rousseau.

THÉRY (Edmond). *La Grèce actuelle au point de vue économique et financier*, Paris, 1905, Economiste Européen.

Bulletin de Statistique et Législation comparée.

Economiste Français (L').

Economiste Européen (L').

Marché Financier (Le), Arthur RAFFALOVITCH.

Revue d'Economie Politique.

Revue Economique Internationale.

Rapports et bilans des banques d'émission.

Statuts et règlements intérieurs des banques d'émission.

TABLE DES MATIÈRES

CHAPITRE PREMIER

LA POLITIQUE DU PORTEFEUILLE SUR L'ÉTRANGER

CHAPITRE II

LA BANQUE NATIONALE DE BELGIQUE

CHAPITRE III

LA BANQUE AUSTRO-HONGROISE

CHAPITRE IV

LA BANQUE NATIONALE DE GRÈCE

CHAPITRE V

DISCUSSION GENERALE DE LA POLITIQUE
DU PORTEFEUILLE SUR L'ETRANGER

www.ingramcontent.com/pod-product-compliance
Ingram Content Group UK Ltd.
Pitfield, Milton Keynes, MK11 3LW, UK
UKHW022043170726
13837UKWH00002B/764

VENTE APRÈS DÉCÈS

MOBILIER ARTISTIQUE

Bijoux, Argenterie

Tapisseries et Broderies anciennes

Bronzes

Céramique, Curiosités

TABLEAUX ET DESSINS MODERNES

GRAVURES, LIVRES

EXPOSITION PUBLIQUE, HOTEL DROUOT, SALLE N° 1
Le Mercredi 11 Décembre 1895

VENTE

Les Jeudi 12, Vendredi 13 et Samedi 14 Décembre 1895

<table>
<tr><td>COMMISSAIRE-PRISEUR</td><td>EXPERT</td></tr>
<tr><td>Me TROUILLET
Rue Sainte-Anne, 63</td><td>M. B. LASQUIN
Rue Laffitte, 12</td></tr>
</table>

PARIS — 1895

IMPRIMERIE MAULDE ET RENOU

———

MAULDE, DOUMENC & Cie

IMPRIMEURS DE LA COMPAGNIE DES COMMISSAIRES-PRISEURS

Rue de Rivoli, 144. — Paris